KB165733

참된
삶

알랭 바디우
지음

박성훈
옮김

참된 삶

La vraie vie

ALAIN BADIOU

글항아리

차례

1장

**오늘날 젊다는 것,
그 의미와 무의미**

현실적인 부분부터 말하자면, 2015년 현재 내 나이는 벌써 일흔아홉이다. 그렇다면, 왜 나는 하필 젊음을 이야기하려는 것일까? 왜 젊은이들 자신에게 젊음에 관해 이야기하고자 하는 보충적인supplémentaire 관심을 가지는가? 이는 젊은이들에게 그들 자신의 경험을 이야기하려는 것이 아닌가? 삶이 위험함을 알기에 조심스럽게 조용히 처신하며 세상을 있는 그대로 내버려두라고 젊은이들을 가르치는 노인처럼, 나는 지혜의 교훈leçons de sagesse[1]을 들려주려는 것인가?

내가 바라기로, 우리는 아마도 [사정이] 정반대라는 점을

1_ 여기서 '지혜'로 옮긴 'sagesse'라는 말은 '신중함' '분별' 등의 의미를 지니기도 한다. 따라서 여기에서 말하는 '지혜의 교훈'이란 세상을 살아가는 지혜를 가르친다는 의미다.

알게 될 것이다. 내가 젊은이들에게 삶이 제공할 수 있는 어떤 것에 관해, 세상을 완전히 바꾸어야 하는 이유와 바로 그런 변화를 위해 위험을 감수해야 하는 이유에 관해 호소한다는 점을 말이다.

하지만 철학과 관련하여 상당히 오래전부터 잘 알려진 이야기로 논의를 시작할까 한다. 모든 철학자의 아버지인 소크라테스는 "젊은이들을 타락시켰다"는 죄목으로 고발당해 사형선고를 받았다. 철학의 공식적인 최초 수용은 매우 심각한 고발의 형태를 취한다. 이를테면, 철학자가 젊은이들을 타락시킨다는 고발 말이다. 그러니까 이런 관점을 받아들인다면, 내가 할 말은 상당히 간명하다. 나의 목적은 젊은이들의 타락이다.

그런데 '젊은이들의 타락corruption'이라는 죄목으로 소크라테스에게 사형을 선고한 재판관들을 비롯한 사람들의 의식에서 '타락시키다corrompre'라는 말은 무슨 의미일까? 그것은 돈과 연결된 의미의 '타락'일 수 없다. 그것은 오늘날 신문에 누군가가 이러저러한 국가기관의 지위를 이용하여 부를 쌓았다는 이야기가 실리는 그런 의미의 '문제affaire'가 아니다. 재판관들이 소크라테스에게 귀책사유를 돌린reprochent 것은 확실히 이런 이유가 아니다. 오히려 소크라테스가 소피스트[2]라 불리는 경쟁자들에게 한 책망들reproches 중 하나가 바로 돈을 받는다는 사실이라는 점을 상기하자. 소크라테스는, 이렇게 말해도 좋다면, 대가 없는 혁명적인 수업을 통해 젊은이들을 타락시킨 반면, 소피스트들은 그들이 제공한 기회주의에 대한 수업으로 두둑한 돈을 챙겼다. 따라서 소크라테스의 의미에서, '젊은이들을 타락시킨다'는 것은 분명 돈과 관련된 사안이 아니다.

관건은 도덕적 타락이 아니고, 마찬가지로 신문지면에서 회자될 법한 다소간 성적인 문제와도 관련이 없다. 오히려 우리는 소크라테스에게서, 다시 말해 소크라테스의 관점에서 이야기하는—혹은 이야기를 꾸며내는?—플라톤의 사랑에 관한 특히 숭고한 견해를, 곧 [처음에는] 사랑과 성을 분리하지 않지만 점차 모종의 주체적 상승을 위해 사랑과 성을 떼어놓는 그러한 견해를 볼 수 있다. 물론 이러한 상승은 아름다운 몸과의 접촉을 통해서 시작될 수 있고 심지

2_ 소피스트sophiste는 원래 '지식이나 지혜를 가진 사람'이라는 의미의 말이며, 소크라테스나 플라톤 당시 이들은 주로 아테네에서 수사학이나 논리를 가르치고 보수를 받던 교사로 활동했다. 바디우의 철학에서 소피스트는 단순한 적대자가 아니라 일종의 대화 상대자이기도 하며, 실제로 플라톤의 대화편에 등장하는 고르기아스나 프로타고라스 같은 소피스트들은 그들보다 연배가 낮은 소크라테스와 논쟁하며 그를 가르치기도 한다. 그런 의미에서 이들을 '궤변론자'라는 용어로 폄훼하는 것은 적절치 않다.

어 그럴 수밖에 없기도 하다. 그러나 이 접촉은 성적인 흥분으로 환원되지 않는데, 이 접촉이 소크라테스가 아름다움의 이데아l'idée du Beau라고 명명하는 것으로 향하는 접근로를 지탱하는 물질적 받침점인 까닭이다. 그 결과, 사랑은 요컨대 하나의 새로운 사유의 창조이며, 이는 오로지 성적 특성sexualité만이 아니라 성차화된–사유된sexué-pensé[3] 사랑이라 불릴 수 있을 무언가에 의해 이끌려나간다. 그리고 이 사랑–사유amour-pensée는 자기 자신의 지성적이고도 정신적인 건축물을 이루는 한 구성 요소다.

결국, 한 철학자에 의한 젊은이들의 타락이란 돈의 문제도 쾌락의 문제도 아니다. 그렇다면 권력에 의한 타락의 문제인가? 성, 돈, 권력은 모종의 삼요소, 곧 타락의 삼요소다. 소크라테스가 젊은이들을 타락시킨다는 이야기는 그가 언변의 유혹을 동원하여 모종의 권력을 얻으려 한다는 이야기가 되리라 여겨진다. 그 철학자가 권력과 권위를 목표로 젊은이들을 이용한다. 이런 관점에서 젊은이들의 타락이 있을 것이다. 니체를 따라 우리가 권력의지라 부를 수 있을 무엇에 [젊은이들의] 순진함을 병합시킨다는 의미에서 말이다.

3_ sexué–pensé, '성차를 통해 사유된' 정도의 의미로 읽을 수 있을 듯하다.

그러나 다시 한번 말하겠는데, 오히려 그 반대다! 플라톤이 분명하게 목격한바, 소크라테스에게는 타락을 일으키는 corrupteur 권력의 성격에 대한 고발이 있다. 타락을 일으키는 것은 권력이며 철학자가 아니다. 플라톤은 참주정tyrannie(폭정)이나 권력에 대한 욕망을 맹렬히 비판하며, 거기에는 아무것도 덧붙일 것이 없고, 어떤 의미에서 이 비판은 결정적이다. 심지어 [철학자가 권력을 위해 젊은이들을 이용한다는 주장에] 상반되는 확신도 있다. 그 철학자가 정치에 쏟는 것, 그것은 결코 권력의지가 아니라 무관심déintéressement(사심 없음)이다.

그러므로 여러분은 야심이나 권력에 대한 경쟁과 전적으로 무관한 철학에 관한 이해에 이르렀음을 알게 된다.

이 주제에 관해서, 내가 실행한 약간은 특이한 플라톤의 『국가』 번역에서 한 구절을 인용하고자 한다. 원한다면, 이 번역본은 문고판으로 구할 수 있다. 책표지에는 다음과 같은 정보가 쓰여 있다. '알랭 바디우'(이것은 저자 이름이다), 그리고 그 아래에 『플라톤의 국가』(이것은 책 제목이다)라고 말이다. 그래서 우리는 누가 이 책을 썼는지 알지 못한다. 플라톤? 바디우? 어쩌면, 아무것도 쓰지 않았다고 전해지는 소크라테스? 이것은 거만한 제목이며, 나는 그렇다고 인정한다. 그러나 결과는 어쩌면 플라톤 텍스트에 대한 엄격한 번역보다 더 생동감 있고, 오늘날의 젊은이가 보다 접근하기 쉬운 책일 것이다.

내가 여러분에게 읽어줄 구절은 플라톤이 다음과 같은 질문을 제기하는 순간에 위치한다. 권력과 철학 사이, [좀더 정확히 말해서] 정치권력과 철학 사이의 관계는 정확히 어떤 것인가? 이때 우리는 정치에서 그가 무관심에 부여하는 중요성을 납득할 수 있다.

소크라테스는 두 사람의 대화 상대자에게, 정확히 하자면 두 젊은이에게 말하는데, 그런 이유로 우리는 [젊음을 다루는] 우리 주제를 떠나지 않는 셈이다. 플라톤의 원본에서, 이 둘은 글라우콘Glaucon과 아데이만토스Adimante라는 젊은 남성들이다.[4] 당연히 훨씬 현대적인 내 번역본에는 글로크Glauque[5]라는 젊은 남성과 아만다Amantha[6]라는 젊은 여성이 등장한다. 우리가 젊은이들에 대해 혹은 젊은이들에게 이야기한다면, 젊은 여성들을 젊은 남성들과 같은 자격으로 셈에 넣는 것은 가장 기본적인 일이다. 그 대화는 이런 것

---

[4]_ 글라우콘과 아데이만토스는 플라톤의 형제들이다.
[5]_ 'glauque'는 '청록빛의' '우울한' 등의 뜻이다.
[6]_ 아만다는 당연히 아데이만토스를 여성화한 등장인물이다.

이다.

소크라테스: 만일 권력의 일부를 보장받을 차례가 주어지는 자들에게서 이 권력이 제시하는 삶보다 훨씬 더 나은 삶이 있음을 발견한다면, 우리는 어떤 참된vraie 정치 공동체가 실존할 가능성을 얻게 될 거야. 왜냐하면 돈이 아니라 행복을 위해 필요한 무언가를 부유함으로 여기는 자들만이 권력에 도달하게 될 테니까. 참된 삶la vraie vie이, 풍부한 사유로 가득한 그런 삶이 부유한 것이라고 여기는 자들만이 말이야. 반대로 개인적 이득에 굶주린 자들이, 권력은 언제나 [자기] 실존과 사유화된 재산의 확장에 도움이 된다고 믿는 자들이 공적인 일에 달려든다면, 어떠한 참된 정치 공동체도 가능하지 않겠지. 이런 자들은 항상 권력을 얻으려고 서로 싸우며, 이 투쟁은 사적인 열정과 공적인 권력을 뒤섞어서 최상위의 역할을 노리는 찬탈자들prétendants로 국가 전체를 망가뜨린단 말이야.

글로크: 끔찍한 광경이네요!

소크라테스: 어쨌든 나한테 말해봐. 권력과 국가에 대한 무관심mépris을 일으킬 수 있는 삶을 알고 있나?

아만다: 물론이죠! 참된 철학자의 삶, 소크라테스의 삶이

죠!

소크라테스: [기쁨을 감추지 못하며] 과장하지는 말고. 권력을 사랑하는 자들은 결코 권력에 이르러서는 안 된다는 걸 당연한 일이라 하자. 그럴 경우에는,[7] 그저 [권력을 노리는] 찬탈자들의 투쟁만이 있을 거야. 이런 게 바로 내가 망설이지 않고 철학자들이라 선언하는, 그러한 엄청나게 많은 사람들의 무리가 교대로 정치 공동체의 보호에 헌신해야 하는 이유란 말이지. 이를테면, 본능적으로 공적인 의무service라고 할 수 있을 어떤 것에 관해 소양이 있지만, 국가 공직에 자주 드나드는 일에서 얻을 수 있는 명예 말고도 다른 명예가 있으며 정치 지도자의 삶보다 훨씬 더 나은 삶이 있음을 아는 사심 없는désintéressés 사람들 말이야.

아만다: [중얼거리며] 참된 삶이라……

소크라테스: 그래, 참된 삶이야. 결코 부재하지 않는.[8] 그렇지만 결코 완전하게 실존하지도 않는.

7_ "권력을 사랑하는 자들이 권력에 이를 경우에는"

8_ 이 부분은 바디우가 자주 언급하는 랭보의 "참된[또는 진정한] 삶이란 없다La vraie vie est absente"라는 시구를 활용한 것이다.

바로 그런 것이다. 철학, 그것의 주제는 바로 참된 삶이다. 참된 삶이란 무엇인가? 그런 것이 철학자의 독자적인unique 질문이다. 그러니까, 젊은이들의 타락이 있다면, 이는 결코 돈이나 쾌락이나 권력을 위한 것이 아니라, 오히려 젊은이들에게 이 모든 것보다 우월한 무언가가 있음을 보여주기 위한 것이다. 바로 참된 삶이 있음을 말이다. 그것은 노력할 가치가 있는, 살아갈 보람이 있는, 그리고 돈이나 쾌락이나 권력을 훨씬 능가하는 무엇이다.

'참된 삶'이 랭보의 표현임을 상기하자. 랭보는 진정한vrai 젊음의 시인이다. 시작되는 삶의 모든 경험으로 시를 쓴 인물. 절망의 순간에, 그는 비통하게 쓴다. "참된 삶이란 없다."

철학이 우리에게 가르치는 것, 어떻게든 가르치려 노력하는 것은 참된 삶이 언제나 현존하지는 않더라도 마찬가지로 결코 완전히 부재하지도 않는다는 점이다. 참된 삶이 어느 정도는 현존한다는 점, 그것이 바로 그 철학자[소크라테스]가 보이고자 하는 무엇이다. 그리고 그는 젊은이들을 타락시킨다. 그들에게 거짓된 삶fausse vie, 곧 황폐한 삶이 있음을, 이 거짓된 삶이 권력이나 돈을 얻기 위한 격렬한 싸움으로 사고되며 실행되는 삶이라는 점을 보이려 한다는 의미에서 말이다. 그러한 삶은 어떠한 수단을 동원해서라도 순전히 즉각적인 충동을 만족시키는 것으로 환원된다.

사실상, 소크라테스가 말하는 것은—그리고 당장의 나는 그저 그를 따라갈 뿐인데—우리가 참된 삶을 얻기 위해 선입견, 인정된 관념, 맹목적인 순종, 정당화되지 못하는 관습, 무한정한 경쟁에 맞서 싸워야 한다는 것이다. 근본적으로, 젊은이들을 타락시킨다는 것은 오직 단 하나를 의미한다. 바로 젊은이들이 이미 뚫려 있는 길로 접어들지 않게 하는 것, 도시cité(국가)의 관습에 대한 순종에 간단히 바쳐지지 않게 하는 것, 그들이 무엇인가 발명할 수 있게 하며 참된 삶과 관련하여 다른 방향을 제안할 수 있게 하는 것이다.

결국, 내가 생각하기로 출발점은 젊은이들에게 두 가지 내부의 적이 있다는 소크라테스의 확신이다. 이 내부의 적들은 젊은이들을 위협하여 참된 삶에서 멀어지게 하며, 그들 자신 안에 있는 참된 삶의 가능성을 알지 못하게 한다.

첫 번째 적은 즉각적인 삶에 대한 열정이라 부를 수 있는데, 말하자면 도박이나 쾌락, 순간적인 것, 한 곡의 음악, 일시적으로 지나가는 것, 대마초, 바보 같은 장난에 대한 것이다. 이 모든 것은 실존하며 소크라테스는 이를 부정하려 하지 않는다. 그러나 이 모든 것이 쌓여 절정에 이를 때, 이 열정이 그날그날의 삶을 구성하며, 시간의 즉각성에 달려 있는 삶을, 미래가 보이지 않거나 혹은 어쨌든 완전히 불투명한 그런 삶을 구성할 때, 우리는 어떤 모종의 허무주의로, 어떤 단일화된 의미를 결여한 실존의 이해로 이끌린다. 의미가 박탈된 삶으로 지속되며, 그래서 어떤 진정한véritable 삶으로 지속될 수 없는 그런 것으로 말이다. 이때 '삶'이라 불리는 것은 그럭저럭 좋은 순간이나 혹은 나쁜 순간으로 재단된 시간이고, 결국 그럭저럭 괜찮은 순간들을 가능한 한 많이 누리는 것이 바로 그러한 삶이며, 그 삶에서는 오로지 그런 것만을 바랄 수 있을 뿐이다.

요컨대, [삶에 대한] 이러한 이해는 삶이라는 관념 자체를 무너뜨리고 흐트러뜨리며, 이런 까닭에 이러한 삶의 전망은 또한 죽음의 전망이기도 하다. 이는 플라톤에 의해 매우 명료하게 제시된 심오한 관념으로, 이를테면 삶은 이런 방식으로 시간적 즉각성에 종속될 때 그 자체로 무너져 흩어지며, 더 이상 확고한 의미로 식별되거나 그러한 의미에 연결되지 못한다. 만일 플라톤이 종종 여러 지점에서 선취하는 프로이트와 정신분석의 언어를 사용한다면, 이러한 삶의 전망은 죽음충동이 비밀스럽게 삶의 충동 안에 자리하고 있을 때라고 말할 수 있을 것이다. 무의식적으로 죽음은 삶을 사로잡아 분해하고, 삶에서 가능한 의미를 박탈한다. 바로 거기에 젊음에 내밀한 첫 번째 적이 있는데, 젊음이 불가피하게 이런 경험을 가로질러야 하는 까닭이다. 젊음은 즉각성의 치명적인 힘에서 오는 이러한 폭력적인 경험을 겪어야만 한다. 철학은 이 내부적인 죽음의 생생한 경험에 대한 부정이 아니라 오히려 그러한 경험에 대한 극복을 목적으로 삼는다.

다른 한편으로, 젊은이에게 있어 두 번째 내부적인 위협은 외견상 상반된 것이다. 말하자면, 성공에 대한 열정으로, 부유하고 힘 있고 좋은 자리에 앉은 누군가가 되고 싶다는 생각이다. 결코 즉각적인 삶에 소모되지 않고, 반대로 기존의 정립된 사회질서에서 어떤 좋은 자리를 찾겠다는 생각인 것이다. 그럴 때 삶은 좋은 자리를 얻기 위한 술책의 총합이 된다. 성공하려면, 다른 모든 사람보다 기존의 질서에 더 많이 복종해야 하더라도 말이다. 이는 쾌락jouissance과 관련한 즉각적인 만족의 체제가 아니며, 잘 구성되고 상당히 유효한 계획의 체제다. 우리는 좋은 유치원 교육을 시작으로 신중하게 선택된 가장 훌륭한 중학교에서 공부를 이어간다. 우리는 특히 앙리 4세Henri IV 고등학교나 루이르그랑Louis-le-Grand 고등학교 같은 좋은 학교에 들어가며, 어쨌든 나 자신도 그런 곳에서 공부했다. 그리고 그럴 수 있다면 이 길을 계속해서 그랑제콜, 이사회, 대형 금융사, 유력 커뮤니케이션

매체, 장관직, 상공 회의소, 주식 시장에서 수십억 유로의 가치로 상장된 신생 기업 등으로 향한다.

본질적으로, 우리는 젊은 시절에 보통 명확히 알지는 못하지만 때로 혼합적이며 모순적인 모습으로 그려지는 실존의 두 가지 가능적 방향에 사로잡힌다. 이 두 경향은 이렇게 요약될 수 있을 것이다. 삶을 불사르는 열정과 삶을 쌓아올리는 열정으로 말이다. 삶을 불사르는 것, 그것은 즉각성에 대한 허무주의적 숭배cult를 의미한다. 게다가 이는 몇 주 동안 진행된 광장 점유와 같은 순수한 봉기, 반항, 불복종, 반란, 섬광처럼 짧은 새로운 형식의 집합적 삶에 대한 숭배일 수 있다. 그러나 우리가 보고 아는 것은 그 모든 것이 지속 가능한 효과나 건축물이나 시간에 대한 조직된 제어maîtrise 없이 이어진다는 점이다. 우리는 '미래 없음no future'이라는 신조 아래 걸어간다. 그리고 반대로 우리가 미래의 충만함으로, 즉 성공이나 돈, 사회적 지위나 수입이 좋은 직업, 평온한 가족이나 남쪽 섬에서의 바캉스로 향한다면, 이로 인해 기존 권력들에 대한 보수적인 숭배가 유발될 것이다. 우리가 그런 경향에서 자기 삶을 가능한 한 가장 좋은 조건들에 자리 잡게 하는 한에서 말이다.

이것은 언제나 그들이 젊고, 자기 실존을 시작했으며, 따라서 그 실존의 방향을 정해야 한다는 단순한 사실에서 제시되는 두 가지 잠재성이다. 불사르거나 아니면 쌓아올리거나. 혹은 이 둘은 [양자를 합쳐서] 불을 쌓아올린다는 의미가 되겠는데, 그런 것은 용이하지 않다. 어쨌든 불은 반짝이며 타올라 빛을 발하고, 실존의 순간들에 열기를 주며 밝은 빛을 비춘다. 하지만 불은 쌓아올리기보다는 파괴하는 것이다.

그저 오늘날에만 그런 것이 아니라 옛적부터 젊음에 관한 매우 상반된 판단들이 있는 까닭은 이 두 가지 상반된 열정이 있기 때문이다. 젊음이 가장 좋은 때라는 생각과 젊음이 실존의 가장 끔찍한 때라는 생각 사이에 있는 매우 대조적인 판단들인 것이다.

이런 두 가지 형태는 문학에서 오래전부터 제시되어왔다. 확실히, 어떠한 역사의 순간에도 무언가 젊음의 고유한 속성이라 할 법한 어떤 것이 있으며, 내가 생각하기로 그것은 바로 이러한 열정들의 분쟁, 곧 두 가지 근본적인 열정들로 촉발된 분쟁이다. 젊음의 고유한 강렬함 가운데 소비되는 삶의 욕망, 그리고 도시에서 좋은 위치에 있는 집을 갖기 위해 하나씩 하나씩 쌓아올리는 삶의 욕망 사이에서 말이다.

나는 여러분에게 이러한 판단들 중 몇 가지를 인용하

려 한다. 예컨대 위고Hugo의 시집 『세기의 전설La Légende des siècles』에 수록된 시 「잠든 보아스Booz endormi」에서 두 행을 가져와보자.

우리는 젊을 때 승리로 가득한 아침을 맞으며
날빛은 밤으로부터 승리와 같이 솟구쳐 나온다.

젊음, 그것은 승리라고, 위고는 말한다. 뿐만 아니라 신중하면서도 동시에 강력하게 사랑의 아침, 곧 관능적인 승리의 아침을 연상시키기도 한다.

하지만 이제 폴 니장Paul Nizan[9]의 책 『아덴 아라비Aden Arabie』[10]의 첫 부분을 가져와보자.

나는 스무 살이었다. 나는 누구라도 그때가 삶에서 가장 아름다운 시기라고 말하도록 내버려두지 않을 것이다.[11]

---

[9]_ 프랑스의 철학자 겸 소설가.
[10]_ '아라비아반도의 아덴'이라는 의미.
[11]_ J'avais vingt ans. Je ne laisserai personne dire que c'est le plus bel âge de la vie. 이 문구는 68년 5월에 사용된 가장 영향력 있는 구호 중 하나였다고 한다.

니장이 이야기하는 그대로, 젊음이란 어쨌든 실존에 주어진 가장 좋은 것은 아니다. 그렇다면, 승리와 젊음과 삶의 승리는? 혹은, 그것은 모순된 시간이자 방향 상실의 시간이기에, 불확실하고도 매우 고통스러운 시간인가?

이 모순은 여러 작가에게서, 특히 시인들에게서 매우 강하게 드러난다. 그것은 예컨대 아마도 랭보의 모든 작품의 중심 주제라 할 수 있는 어떤 것을 구성한다. 랭보가 흥미로운 까닭은, 내가 되풀이하는 것처럼, 그가 중요한 젊음의 시인이기 때문이다. 이 젊음은 시poésie로 육화된 젊음인 것이다. 그런데 랭보는 두 가지 판단을 [모두] 지지하며, 젊음이 가장 좋은 형상이라는 것과 젊음은 완전히 과거로 버려야 할 형상이라는 것 두 가지를 한꺼번에 이야기한다. 이 「지옥에서 보낸 한철Une saison en enfer」이라는 자전적 산문시에서 글자 그대로 대립적인 두 계기를 대조해보자.

시의 첫 부분, 그러니까 첫 문장에서, 우리는 다음과 같은 글귀를 발견한다.

옛날에, 만일 내가 잘 기억하고 있다면, 내 삶은 모든 가슴이 열리고 모든 포도주가 흐르던 향연이었다.

이 '옛날'은 20세의 랭보가 관찰하는 17세의 랭보와 관련된다. 따라서 관건은 최고 속도로 소비되는 삶이지만, 그러한 삶은 축제와 사랑과 취기의 영향 아래 그 자체의 시작을 목도한다.

이 텍스트 끝부분을 향해 가면서, 그는 마치 사라져버린 아름다운 나날을 고통스럽게 회상하는 늙은이라도 되는 듯 다시 이야기할 것이다.

나는 한때 금박 위에 써내려갈 사랑스럽고 영웅적이며 전설적인 젊음을 갖지 않았던가?

이러한 비통한 회한의 랭보, 단 20년을 살았을 뿐이지만 회고적 우수에 젖은 이 늙은이는 이미 다른 열정에, 이성적 추론에 따른raisonnée 구축의 열정에 들어가 있으며, 그가 써내려가는 이 구축물은 흥분élans, 자기에 대한 나르키소스적narcissique 관계, 그리고 변함없는 비도덕성의 치명적인 힘을 내려놓는 포기와 같은 무엇이다.

나 자신! 스스로 마술사나 천사라 불리며 모든 도덕에서 면제되어 있는 나 자신, 찾아야 할 의무와 받아들여야 할 고달픈 현실을 떠안고, 나는 땅으로 되돌려진다.

그리고 완전히 끝부분에서, 이 모티프가 되돌아와 시 자체의 포기로 이어진다.

찬송은 없다. 이미 내디딘 발자취를 고수하라. 혹독한 밤! 말라버린 피가 내 얼굴에 피어오르고, 내 뒤로는 아무것도 없다, 이 끔찍한 관목밖에! (…) 영적인 투쟁은 인간의 전투만큼이나 잔혹하지만, 정의의 전망은 오로지 신만의 쾌락이라.
하지만, 지금은 전야veille. 흘러들어오는 기운과 진정한 다정함을 받아들이자. 그리하여 새벽에, 타오르는 인내를 부여잡고, 우리는 찬란한 도시로 들어가리라.

여러분은 첫 부분에서 소비되는 삶의 열정, 참을성 없는 영웅주의, 시 그리고 향연을 보게 된다. 그리고 끝부분에서, 더 이상의 찬송은 없다는 것, 이것은 더 이상의 시 작품poèmes이 없다는 의미다. 우리는 고달픈 의무의 필요성으로, 잘 구축된 삶의 필요성으로 돌아선다. 그리고 해야 할 것이란 미친 듯한folle(어리석은) 젊음을 지배하는 무엇과 정반대로 인내, 곧 타오르는 인내인 것이다. 3년 동안, 랭보는 모든 젊음에게 가능한 두 방향의 운동을 모두 편력한다. 직접성과 그 주이상스jouissance(향유)[12]의 절대적 지배라는 방향의 운동이나, 또는 성공해야 할 의무의 고달픈 인내라는 방향의 운동 모두를 말이다. 그는 방랑 시인이었으나, [장차] 식민지를 오가며 장사하는 상인이 될 터였다.

나는 이제 하나의 질문에 이르는데, 사실대로 말하자면, 이것은 어쨌든 내가 젊은이들에게 제기하는 질문이며 그런 만큼 나 자신에게 하는 질문은 아니다. 오늘날 젊음의 가치는 우리에게 어느 정도의 무게를 지니는가? 가장 대립적인 판단들이 표명되었음을 아는 이상, 오늘날 우리는 뭐라고 말할 것인가? 우리는 모든 젊음을 구성하는 두 개의 모순된 항에 대한 저울질의 결과로 무엇을 받아들일 것인가? 저울은 어느 쪽으로 기우는가?

동시대의 젊음을 특징짓는다고 여겨지는, 그리고 동시대의 젊음을 이전 시대의 젊음과 다르게 하는, 확실한 특징들이 있다. 우리는 실제로 여러 근거를 들어 오늘날 젊은이

12_ 'jouissance'는 무언가를 가지고 즐긴다는 의미의 동사 'jouir'의 명사형이며, '즐김' '쾌락' '소유' '누림' '성관계를 가짐' 등의 의미를 지닌다.

들에게 자기 실존을 타오르게 하거나 구축하는 데 있어 예전보다 훨씬 큰 활동의 여지marge de manoeuvre가 있다고 주장할 수 있다. 간단히 말해서, 적어도 우리 세계, 곧 서구 l'Occident라 불리는 세계에서, 젊음의 가장 일반적인 특징은 [예전보다] 더 자유로운 젊음이라 여겨진다는 것이다.

먼저, [오늘날의] 젊은이들은 더 이상 엄격한 입문의례 initiation(성인식)에 내맡겨지지 않는다. 성장기jeunesse(젊음)에서 성인기âge adulte로 가는 이행을 표시하기 위해, 대체로 혹독한 그런 의식들이 강요되지 않는다. 이런 입문의례는 오랜 세월 실존해왔으며, 인류 역사의 매우 중요한 일부였다. 인간이라는 포유류가, 곧 깃털 없는 두발 동물bipede sans plumes[13]이 실존해온 수만 년 동안, [연소한] 젊음jeunesse과 성년 세계 사이에는 언제나 입문의례라는 사회적으로 조직된 특정한 이행 의식이 있어왔고, 이런 의식은 몸에 표식을 새기거나, 신체적으로나 도덕적으로 두려운 시험을 치르거나 혹은 이전에는 금지되었으나 이후로 허용될 행동을 실행하는 것 등과 관련될 수 있다. 그리고 이 모든 것에서 확인되는 것은 '젊은이'라는 말이 '아직 입문의례를 거치지 않

13_ '인간'을 지칭하는 구어.

은 자'를 의미한다는 점이다. [이전에는] 젊음에 관해서 제한
적인 정의, 곧 부정적인 정의가 있었다. '젊다는 것', 그것은
무엇보다 '아직 어른이 아니'라는 의미였던 것이다.

　나는 이러한 정신 상태나 상징적 관습이 사라지기 전까
지 매우 오랫동안 존속했다고 생각한다. 내 나이가 어느 정
도 되기는 했지만, 인간 동물의 역사적 실존 전체의 층위에
서 평가하자면, 그리 대단한 것도 아닌 한순간임을 받아들
이자. 그러니까 나는 내 젊은 시절jeunesse이 매우 멀리 떨어
진 시대로 거슬러 올라가지 않는다고 말할 수 있다. 그때,
내 젊은 시절에도, 남성적인 입문의례가 있었고 그것이 군복
무의 형태를 띠고 있었다는 점은 절대적으로 명백하다. 그리
고 여성적 입문의례는 결혼의 형태였다. 젊은 남성은 군복무
를 마쳤을 때 어른이 되었고, 젊은 여성은 결혼했을 때 어른
이 되었다. 오늘날 앞서 언급된 입문의례의 이 두 부분은 조
부모들의 기억 [속에 있는 것] 이상이 아니다. 그러므로 젊음
은 입문의례의 문제에서 감산되었다고soustraite**14** 말할 수 있
을 것이다.

　내가 강조할 두 번째 특징, 그것은 노년에 대한 중시

14_ '빠져나왔다고' 또는 '벗어나게 되었다고' 정도를 의미한다.

valorisation가 [이전에 비해] 극히 적어졌다는 점이다. 전통적인 사회에서, 노인들은 언제나 주인이며, 그런 만큼 중시되고, 자연히 젊은이들에게는 불이익이 돌아간다. 지혜sagesse(현명함)는 오랜 경험과 많은 나이와 노년의 편에 있다. 오늘날 그러한 [노년] 중시는 사라지고 반대로 젊음을 중시하는 쪽으로 기운다. 그것이 바로 '청춘지상주의jeunisme'라고 불렸던 무엇이다. 청춘지상주의는 지혜로 가득한 늙은이들에 대한 오래된 숭배culte를 뒤집는 역전 같은 것이다. 나는 이론적인, 또는 차라리 이데올로기적인 구상에 기초하여 그것을 이야기하는데, 왜냐하면 힘은 대체로 여전히 어른들이나 심지어 늙어가는 사람들의 손에 집중되기 때문이다. 그러나 청춘지상주의는 이데올로기나 상업광고의 주제로 사회에 스며들어, 젊은이들을 [사회의] 모델로 택하게 한다. 더구나 플라톤이 민주주의 사회에 관해 예견했던 것처럼, 우리는 이 모델이 어른 되기를 바라는 젊은이들이라기보다는 오히려 어떤 대가를 치르더라도 젊음을 유지하기 바라는 늙은이들이라는 인상을 받는다. 청춘지상주의는 할 수 있는 한 몸의 젊음을 필두로 하는 젊음에 집착하며, 노년의 지혜를 우월한 것으로 받아들이지 않는 경향이다. 따라서 '건강을 유지한다rester en forme'는 행위는 늙어가는 사람에게 부과되는 명령이다. 조깅, 과도한 테니스, 피트니스, 성형수술 등 모든 것이 괜찮다. 젊어야 하며 젊게 유지해야 한다. 운동복 입은 노인들이 숲 속을 내달리며 혈압을 잰다. 결국 늙어가는 사람에게는 중대한 문제가 하나 있는데, 아무리 숲에서 잘 달린다 해도, 늙으면 죽어야 한다는 것이다. 말하자면, 정말로 모든 사람이 그렇다. 그러나 이것은 하나의 다른 문제다.

또한 확실히 젊은이들 자신에게는 내적인 구별이 아니라 적어도 외양에 있어서—이 말을 두려워하지 말자—계급의 차이가 있다. 이런 점에 관해서라면 그리 먼 과거로 거슬러 올라갈 필요도 없다. 내 젊은 시절에는 같은 학년에서 대략 10퍼센트 정도가 바칼로레아bac**15**를 통과했다는 점을 생각해보라. 그리고 그로부터 몇십 년이 지난 지금, 대학입학 자격시험 통과율은 60~70퍼센트에 이른다는 것을 알 수 있다. 내 젊은 시절에는 교과과정에 사실상 [건널 수 없는] 심연abîme이 있어 우리와 대학입학 자격시험에 통과하지 못한 젊은이들을, 혹은 심지어—이들이 절대다수였는데—중등교육etudes secondaires을 이수하지 않은 젊은이들을 분리시켰다. 이 젊은이들에게 교육은 열한 살이나 열두 살에 중단되고,

---

15_ baccalauréat, 프랑스의 대학입학 자격시험.

그저 소위 교육 수료증certificat d'études[16]이란 것이 주어지는데, 이 수료증의 의미는 그들이 읽고 쓸 줄 알며, 계산할 줄 알고, 따라서 대도시에서 일할 자격을 갖춘 노동자가 될 수 있다는 것이었다. 우리는 또한 우리 조상들이 골족Gaulois이었음을 알고 있었으며, 따라서 1914년 전쟁의 참호에서, 혹은 (우리는 1954~1962년,[17] 요컨대 어제) 아우레스산맥les Aurés에서 알제리의 '아랍인들bougnoules'을 추격하다가 조국을 위해 죽을 수 있었다. 이러한 이중의 운명, 곧 노동자와 군인[이라는 직업]이 젊은 사람들 중 90퍼센트를 충족시켰다. 다른 젊은이들, 이를테면 10퍼센트의 엘리트 집단은 최소 7년 이상 학업을 계속했으며, 이런 방식으로 사회적 특권의 사다리를 따라 올라갔다.

이는 거의—실제로 내 젊은 시절과 매우 가까운 시기에—사회 내에 두 사회가, 어쨌든 두 젊음이 있는 것과 마찬가지였다. 긴 시간 동안 교육을 받은 자들의 젊음은 오랜 교육

16_ 여기에서 '교육 수료증'이란 우리로 치면 '초등학교 졸업장'을 의미한다.
17_ 알제리 독립전쟁을 지칭하는 것으로 보인다. 프랑스령 식민지 알제리는 1954년부터 프랑스로부터 독립을 주장하는 단체들과 프랑스령으로 남기를 원하는 단체들 간의 갈등과 분쟁이 시작되었다. 프랑스는 이 분쟁에 군사적으로 개입했는데, 독립을 주장하는 단체들은 각 산지에 흩어져 게릴라전을 펼쳤다. 프랑스 4공화국의 붕괴와 함께 집권한 드골은 알제리를 계속 식민지로 둘 수 없다는 판단에 이르고, 1962년 3월 마침내 알제리 민족해방전선과 알제리 독립 및 종전에 합의한다.

을 받지는 못했으나 압도적인 다수를 차지하는 자들의 젊음과 하나의 다른 세계를 형성했다. 오늘날, 두 젊음 사이에 이러한 계급 간의 심연은 당연히 [이전보다] 확연히 드러나지는 않지만 그럼에도 여전히 다른 형태로 실존하며, 그러한 형태의 심연에는 특히 출신이나 주거지, 관습이나 종교가 포함되고, 덧붙여 복장이나 소비, 즉각적인 삶에 관한 견해 같은 유형의 습성도 포함된다. 어쩌면 훨씬 깊을지도 모를, 그러나 [이전보다] 눈에 잘 띄지 않고, 형식화되지 않으며, 명백하지 않은 그러한 심연이 있다는 말이다. 하지만, 이것도 하나의 다른 문제다.

내가 상기한 모든 것에 비춰볼 때, 젊다는 사실이 더 이상 입문의례 형태로 젊은이와 어른을 나누는 사회적인 표시 작업에 종속되지 않으며, 따라서 성장기jeunesse(젊음)와 성인기âge adulte 사이의 전이가 한층 유연해졌다고 주장할 수 있다. 또한 젊은이들이 의례나 관습에 관해 어느 정도는 더 동질적이라는 점에 동의할 수 있다. 요컨대, 그들의 '숭배culte'에 관해서 말이다. 우리는 결국 노년기grand âge에 대한 정신적 숭배가 젊은이들에 대한 한없는 물질적 숭배로 뒤집어졌다고 단언할 수 있다.

마침내 이런 이야기를 할 수 있을 터인데, 오늘날 젊다는 것은 그리 나쁜 일이 아니며 오히려 하나의 기회이지만, 예전에는 그렇지 않아서, 젊다는 것은 하나의 제약이었다. 오늘날의 젊음의 특징들은 대체로 새로운 자유의 특징들이고, 따라서 젊은이들은 젊을 수 있는d'être jeunes 기회를 얻게 되며, 늙는다는 것d'être vieux은 불행이라고 말할 수 있으리라 여겨진다. 바람의 방향이 바뀐 것이다.

그런데, 이것이 그렇게 간단치가 않다.

먼저 입문의례가 없다는 사실은 이중적 의미로 주어진 것이다. 한편으로 이는 젊은이들을 일종의 사춘기adolescence에 노출시키며, 따라서 내가 [앞서] 이야기한 열정들을 다룰 수 없는, 이 열정들을 규제할 수 없는 불가능성에 노출시킨다. 그리고 이는 또한—반대 방향에서 같은 이야기인데—성인의 유소년화puérilisation라 부를 수 있을 무언가를 초래한다. 어린애처럼 만들기infantilisation를 말이다. 또 한편으로 젊은이는 무한정 젊은 채로 남는데, 왜냐하면 특정한 표식이 없다는 것은 어떤 특정한 측면에서 성인기가 연속적인 동시에 부분적인 방식으로 유년기의 연장이 된다는 의미이기 때문이다. 이러한 성인의 유아화는 시장의 힘과 상관관계에 있다. 그 이유는, 우리 세계 내에서, 삶이란 부분적으로 살 수 있는 가능성, 무언가를, 결국 장난감을 살 수 있는, 큰 장난감을, 우리를 흡족하게 하고 타인에게 강한 인상을 줄 물건을 살 수 있는 가능성이기 때문이다. 그리고 오늘날 사회는 우리에게 이런 물건들을 사라고, 가능한 한 더 많이 살 수 있는 능력을 원하라고 명령한다. 그런데 물건을 산다는, 새로운 물건을 가지고 논다는 생각, [말하자면] 새로운 자동차나 고급 신발, 큰 텔레비전이나 남향으로 지어진 아파트, 금박 입힌 스마트폰이나 크로아티아로 여행을 가는 바캉스, 이란산 카펫 모조품 등 이 모든 것을 가지고 논다는 발상은 유년기enfance나 사춘기adolescence의 욕망이다. 또한 이런 것이 그저 부분적으로라도 성인들의 층위에서 작동하는 무엇이 될 때, 젊다는 사실과 성인이라는 사실 사이에 더 이상 상징적인 벽은 없으며, 이는 일종의 유연한 연속성인 것이다. 성인이란 젊은이가 살 수 없는 큰 장난감들을 살, 약간은 더 많은 수단을 보유한 사람이 된다. 그 차이는 질적인 것이라기보다는 양적인 것이다. 그러므로 젊은이들의 미숙함과 구입의 지배에 대한 일반적으로 유아화된 복종 사이에서, 전적으로 세계의 시장에 진열된 상품들의 반짝임 앞에 출두하는 주체들과 함께, 우리는 일종의 젊음의 방황 같은 것을 결과로 얻게 된다. 입문의례가 있을 때, 젊음jeunesse은 고정되어 있었으나, 이제 젊음은 방황적이며 경계나 장벽을 알지 못한다. 청소년기jeunesse는 성인기와 구분되는 동시에 구별될 수 없으며, 이 방황은 또한 내가 방향 상실désorientation이라 명명할 무엇이다.

젊음에 호의적인 두 번째 논거에 대해, 즉 더 이상 노년 중시가 없다는 사실에 대해서는 뭐라 할 것인가? 음 그러니까, 그런 경향이 젊음의 두려움을 상당히 강화시켰고, 여기에는 젊음에 대한 배타적인 중시가 마치 그늘과 같이 수반된다. 이러한 젊음의 두려움, 특히 통속적으로 퍼져 있는 populaire 젊음의 두려움은 우리 사회에 매우 특징적이다. 그리고 이 두려움에는 더 이상 [이를 제어할] 어떠한 균형추도 없다. 예전에도 젊음의 두려움이 있었는데, 이는 늙음이, 곧 늙은이들에게 전해진 지혜가 젊음을 억제하고 지배하며 젊은이들에게 장벽의 식별을 부과한다는 의미에서 그랬다. 그러나 오늘날 훨씬 더 걱정스러운 무언가가 있는데, 그것은 바로 젊음의 방황에 대한 두려움이다. 우리가 젊음에 대해 두려움을 가지는 것은 바로 젊음이 무엇인지, 무엇이 될 수 있는지 모르기 때문이며, 젊은이들이 어른들 자신의 세계에서 내부적인 동시에 전혀 내부적이지 않고 타자 아닌 타자가 되기 때문이다. 명시적으로 이러한 젊음의 두려움을 처리하도록 정해진 억압적 법률, 경찰 관행, 간단한 수사, 소송 절차의 수는 매우 중대한 징후다. 이 징후를 평가할 필요가 있으며, 젊은이들이 그것을 평가해야만 한다. 그들은 젊음을 찬양하는 동시에 두려워하는 사회 안에 있다. 그것은 확실하다. 그리고 이 둘 사이의 균형은 우리 사회가 그 자체의 젊음의 문제를 처리하는 데 성공하지 못하는 결과를 낳는다. 혹은 좀더 정확히 말해서, 앞으로 대도시에 사는 대부분의 젊은이들이 하나의 중대한 문제로 고려되는 결과를 얻게 된다. 그리고 오늘날처럼 사회가 이 젊은이들에게 더 이상 일자리를 제공할 능력이 없을 때, 문제는 매우 심각해진다. 일자리를 갖는다는 것이 어느 정도는 마지막 남은 입문의례의 형태이기에, 바로 거기에서 어른의 삶이 시작된다고 여겨진다. 오늘날은 심지어 이런 것마저 매우 늦도록 지연된다. 그리고 남는 것은 방황하는 위험한 계급으로 간주되는 시테cités[18]의 젊은이들이다.

세 번째 논거, 즉 50년 전보다 줄어든 중산층bourgeoise 젊은이들과 서민층 젊은이들 간의 문화적·교육적 격차에 비해서, 내가 이야기한 그대로, 다른 차이들이 더 벌어졌다는

[18]_ 여기에서 '시테cité'는 파리를 비롯한 대도시의 외곽 지역들banlieus에 위치한 대규모 주택단지를 지칭하는 말이다. 주로 이주노동자나 빈곤층이 거주하며, 과거 거주자들에 대한 정부의 차별에 항거하는 폭동이 수차례 있었다.

점을 알아야 한다. 출신지, 정체성, 옷차림, 거주지, 종교……
나는 겉보기에 단일화된 젊은이들 내부에 심연이 열린다고
말하겠다. 80년대와 그 이후에 젊은이들이 둘로 나뉘기 이
전에는 매우 일찍부터 우월한 역할을 맡도록 정해진 사람들
과 노동자나 농부로 남아야 할 사람들로 나뉘었다. 두 개의
세계가 있었던 것이다. 지금은 한층 더 동일한 세계의 외양
을 하고 있다. 그러나 이 세계 내부에서 점차 심각하면서도
극복할 수 없는 차이들이 생겨난다. 우리는 학생들의 시위
가 시테의 젊은이들이 일으킨 난폭한 폭동과 완전히 분리됨
을 안다. 학교교육의 수준에서 단호하게 거부되더라도, 젊은
이들의 분리는 방황과 의혹으로 재편된다.

사회집단에 의해 수천 년에 걸쳐 젊은이들에 대한 엄격
하게 권위적인 통제가 이어지는 세계를 '전통의 세계'라 부
르기로 하자. [이런 세계에서는] 어떤 규약화·규범화·상징화
된 권위가 [있어] 아들들의 활동이나 이들의 희소한 권리들
에 그리고 딸들의 활동이나 한층 더 희소한 권리들에 관련
된 모든 것을 매우 밀접하게 틀 지운다. 우리는 젊음의 명백
히 새로운 자유는 그들이 더 이상 전통의 세계에 있지 않음
을 증명한다고 확실하게 단언할 수 있다. 그러나 또한 [여기
서는] 아직 풀리지 않은 대부분의 문제가 더 이상 제기되지

않음을 확인한다. 청년들뿐만 아니라 노인들에게 있어서도 [풀리지 않은 문제들이] 말이다. 전자[청년]는 방황하며 불안을 조성하고, 후자[노인]는 스스로의 가치를 잃고 [양로] 시설에 들어가 '평화롭게' 죽기만을 기다린다.

그래서 나는 여러분에게 한 가지 투쟁적인militante 아이디어를 제안한다. 청년들과 노인들의 연합을 위한 거대한 시위를, 실제로 오늘날의 어른들adultes(장년들)에 대항하는 시위를 조직함이 마땅하다. 가장 저항적인 30세 미만의 사람들과 가장 옹고집스러운 60세 이상의 사람들이 [사회에서] 가장 [안정된] 자리를 점하고 있는 40대와 50대에 맞서는 것이다. 젊은이들은 [이제] 방향을 잃어버리고 방황하며 모든 확실한 실존의 표시를 끝없이 박탈당한 채로 사는 데 진절머리가 난다고 말할 것이다. 그들은 또한 어른들이 영속적으로 젊음을 가장하는 것이 좋지 않다고 말할 것이다. 늙은이들은 그들의 가치 박탈과 현명한 노인이라는 전통적인 이미지의 퇴출에 대한 폐기 처분, 의료화된 양로원으로의 추방, 그리고 사회적 시야에서의 완전한 부재라는 대가를 치러야 한다는 점이 지긋지긋하다고 말할 것이다. [두 세대가] 혼합된 이러한 시위는 매우 새롭고도 중요하다! 뿐만 아니라 나는 전 세계를 돌아다닌 여러 차례의 여정에서, 1960년대나 1970년대의 중요한 전투들을 거친 나같이 늙은 베테랑들이나 나이 든 생존자들의 핵심 소집단과 또한 청년 대중으로 이루어진 청중—철학자가 그들 자신의 실존의 방향과 참된 삶의 가능성에 관해 뭐라고 이야기하는지 보러 왔던—을 대상으로 한 여러 강연이나 상황을 목격했던 바 있다. 그러니까 세계 곳곳에서 내가 여러분에게 이야기하는 연합을 어렴풋이나마 목격했다는 말이다. 마치 등 짚고 넘기saute-mouton를 하듯이, 청년들은 오늘날 지배적인 세대—대체로 35세에서 65세에 이르는 세대—를 뛰어넘어 반항적이며 체념하지 않는 늙은이들의 소집단과 함께, 방향을 상실한 젊은이들과 실존을 위한 투쟁에 나선 늙은이들의 연합을 구성해야 한다고 생각된다. 함께, 우리는 참된 삶의 길이 열리도록 나서야 한다는 것이다.

이 영광스러운 시위를 기대하면서, 나는 젊은이들이 새로운 세계의 문턱에 서게 된다고, 더 이상 수천 년을 내려온 전통의 세계가 아닐 그러한 세계의 문턱에 서게 된다고 말할 것이다. 모든 세대가 새로운 세계의 문턱에 서게 되는 것은 아니며, 그것은 특히 내가 여기에서 말 건네는 젊은이들에게 특수한 상황이다.

여러분은 바야흐로 전통의 마지막 잔해가 흔들리고 붕

괴되는 사회들의 위기의 순간에 있다. 그리고 이 파괴와 부정에 대해, 우리는 실제로 긍정적인 측면을 알지 못한다. 우리는 그런 측면이 논란의 여지 없이 어떤 자유를 향해 열려 있음을 안다. 그러나 이 자유는 무엇보다 특정한 금기의 부재일 따름이다. 그런 자유는 부정적이며 소비주의적인 자유이자, 상품과 유행과 의견의 끊임없는 가변성에 넘겨지도록 정해진 자유다. 그런 자유는 결코 참된 삶이라는 새로운 이념을 향해 방향을 고정하지 못한다. 그리고 동시에, 그런 삶은 젊은이들의 편에서 사회가 어떻게 해결할지 알지 못하는 [젊은이들의] 방황과 두려움을 만들어내는데, 이는 그러한 자유를 오로지 경쟁과 성공으로 이루어진 거짓된 삶과 비교하기 때문이다. 창조적이면서도 단언적이라 할 수 있을 자유는 바로 [장차] 도래할 새로운 세계의 과제가 될 무엇이다.

실제로, 우리 모두가 논해야 할 문제는 이런 것이다. 근대성, 그것은 전통으로부터의 이탈이다. 그것은 카스트castes(계급)로, 곧 귀족과 세습군주, 종교적 의무와 젊은이들의 입문의례, 여성의 복종, 힘 있는 자들과 무시당하며 힘겨운 삶을 사는 농부나 노동자나 떠돌이들의 대중 사이에 엄격하면서도 형식화된 공식적 분리가 인정되던 오래된 세계의 종언이다. 그 무엇도 이 저항할 수 없는 운동을 돌이킬 수 없을 것이다. 의심의 여지 없이 서구 르네상스 시기부터 시작되었고, 이데올로기적 층위에서 18세기 계몽사상에 의해 강화되었으며, 그 이후 전대미문의 기술적 비상과 계산·유통·통신 수단의 끊임없는 개량으로 물질화되고, 19세기 이래 세계화의 도상에 있던 자본주의 그리고 암중모색과 끔찍한 실패와 끈질긴 재건을 거치는 집산주의적 공산주의의 이념idée collectiviste et communiste 간의 정치적 전투에 회부되는 이 운동을 말이다. 그것은 바로 전통으로부터의 이탈로 간주된 근대성의 형식과 귀결들을 목표로 했던, 그리고 언제나 목표로 하는 전투인 것이다.

어쩌면 가장 놀라운, 그리고 어쨌든 우리를 여기에 붙들어 매는 사항은 이러한 전통의 세계로부터 벗어남이, 다시 말해 인류에 불어닥친 이 돌풍이 겨우 3세기 만에 수천 년 동안 지속된 조직의 형식들을 쓸어버리고, 오늘날 우리가 원인과 그 규모를 지각하는 주체적 위기를 만들어낸다는 점인데, 이 위기에서 가장 눈에 띄는 양상들 중 하나는 바로 새로운 세계 내에서 젊은이들이 자리 잡기가 매우 어려우며 그 어려움이 증대되고 있다는 것이다.

이런 것이 바로 진짜 위기다. 오늘날 모든 사람이 '위기'를 말한다. 우리는 때로 이것이 근대적인 금융 자본주의의 위기라고 믿는다. 하지만 아니다! 결코 그렇지 않다! 자본주의는 세계적인 팽창 중에 있고, 그 고유한 발전 양식은 줄곧 위기와 전쟁을 내포하고 있었으며, 또한 경쟁의 형태들을 제거하고 승자의 입장을, 다시 말해 모든 타자를 무너뜨려서라도 자기 손안에 가용한 자본을 최대한 집중시키는 데 성공한 자들의 입장을 강화하는 데 필요한 야만적인 수단들을 내포하고 있다.

우리가 어디에 있는지 상기하자. 마오쩌둥이 말한 그대로, 언제나 "숫자를 염두에 두어야" 한다. 오늘날, 10퍼센트의 세계 인구가 86퍼센트의 가용 자본을 보유한다. 다시 1퍼센트가 자본의 46퍼센트를 보유한다. 그리고 세계 인구의 50퍼센트는 정확히 무無를, 즉 0퍼센트를 소유한다. 거의 전부를 가진 10퍼센트가 아무것도 갖지 못한 자들과, 혹은 심지어 초라한 14퍼센트의 나머지를 나눠 가진 운 나쁜 사람들과 뒤섞이기를 바라지 않으리라는 점은 쉽게 알 수 있을 것이다. 뿐만 아니라 다시 이 14퍼센트를 나눠 가진 자들 중 상당수가 일반적으로 수동적인 쓰라린 경험과 자신이 가진 것을 보존하려는 강렬한 욕망 사이에서 분열된다. 특히, 인종주의와 민족주의에 조력함으로써, 아무것도 갖지 못한 50퍼센트에서 발견되는 끔찍한 '위협'에 대응하는 셀 수 없이 많은 억압적 장벽에 그들이 보내는 지지에 의해서 말이다.

뿐만 아니라 이 모든 것은 '월가 점거Occupy Wall Street' 운동의 소위 통합적인 구호, 즉 "우리는 99퍼센트다"라는 구호가 완전히 공허하다는 귀결로 이어진다. 칭찬받아야 마땅할 훌륭한 의지로 가득 찬 이 운동의 참여자들은 틀림없이 대부분이 '중간' 어디쯤에 위치한 가정 출신의 젊은이들이며, 실제로 물려받은 재산이 없는 집 출신이나 부유한 집 출신이 아니다. 요컨대, 중간 계급, 즉 그들이 민주주의를 사랑하며, 민주주의를 떠받칠 기둥이라는 사실을 선전하는 중간 계급 출신이라는 것이다. 그러나 진실은 부유한 서구가 이 '중간'에 위치한 사람들로 가득하다는 것이다. 이 중간 층위의 사람들은 1퍼센트의 재력을 갖춘 귀족 계급이나 10퍼센트의 견고한 자산가 계급에 속하지 않지만, 그럼에도 완전히 물려받은 것이 없는 50퍼센트만큼 흔들리지는 않는다. 이들은 그들 자신에게 공유된 14퍼센트의 자원이라는 작은 부분에 집착하여 세계화된 자본주의에 쁘띠 부르주아petite-bourgeois 지지자 집단을 공급하는데, 이 집단이 없다면 '민주주의의' 오아시스는 결코 존속할 수 없을 것이다. 심지어 상징적으로도 '99퍼센트'가 되는 것과 거리가 먼, 월가의 용감한 젊은이들은 자신의 출신 그룹에서도 사라질 운명에 처한 그저 한 줌의 작은 무리를 대표할 뿐이다.

물론, 이 한 줌의 작은 무리가 아무것도 갖지 못하거나 또는 현실적으로 많은 것을 갖지 못한 자들로 이루어진 실재의 대중과 매우 진지하게 연결되고, 이에 따라 14퍼센트에 속한 사람들—특히 지식인들—과 50퍼센트의 사람들 사이를 가로지르는 대각선을 그릴 경우가 아니라면 말이다. 이러한 정치적 궤적은 실현 가능한데, 이는 60~70년대 프랑스에서 마오주의의 표지 아래 시도되었고 국지적으로 중요한 성공이 없었다 할 수 없기 때문이다. 미국에서는 같은 시대에 반향이 덜하기는 했으나 웨더멘Weathermen[19]에 의해, 그리고 2~3년 후에는 월가가 아니라 튀니지나 카이로 또는 심지어 오클랜드—부두 노동자들과의 유효한 연결이 적어도 어렴풋이나마 나타났던—에서 실행된 점거운동이 있었다. 모든 것은 절대적으로 이러한 연합에, 그리고 국제적인 층위에서 이 연합의 정치적 조직화에 달려 있다.

그러나 이러한 운동의 극도로 약한 상태에서 전통으로

19_ 미시간대학 앤아버 캠퍼스에서 창설된 급진좌파 그룹. 미국 정부의 전복을 목적으로 한 비밀 혁명정당이었고, 흑인 인권운동이나 베트남 전쟁 반대운동 등에 나서 폭파 테러 캠페인과 시카고 도시 폭동을 기획했다. 1969년에는 웨더 언더그라운드Weather Underground Organization라는 이름으로 미국 연방정부를 상대로 전쟁을 포고하는 성명을 내기도 했다.

부터의 이탈이 자본주의라는 세계화된 형식주의에서 작동하는 이상, 그러한 이탈에 대해 평가할 수 있는 객관적인objectif(대상적인) 결과를 우리는 다음과 같이 말하게 된다. 이를테면, 어떤 매우 작은 소수의 지배 집단oligarchie minuscule이 그 자체의 법을 단순한 생존의 경계에 놓인 압도적인 다수의 사람들에게, 그리고 서구화된─다시 말해 예속되어 메마른─중간 계급에게 강요한다고 말이다.

그런데 사회적이며 주체적인 수준에서 일어나는 것은 무엇인가? 마르크스는 이미 1848년부터 이에 관해 놀라운 서술을 제시했다. 분명히 마르크스 당대보다는 차라리 오늘날에 있어 진실vrai이라는 의미에서 말이다. 나는 한 놀라운 청년이 남긴 이 오래된 텍스트를 소환한다.[20]

그들[부르주아 계급bourgeoisie]이 권력을 장악하게 된 곳이라면 어디에서든, 그들은 가부장적이며 목가적인 봉건적 관계들을 짓밟았다. 부르주아 계급은 봉건적인 인간을 '타고난 상급자들supérieurs naturels'에게 연결하는 모든 복합적이고도 다양한 유대liens를 무자비하게 제거하여, 차가운

20_ 『1848년 수고』 또는 『경제학·철학 수고』로 알려진 마르크스의 텍스트를 지칭한다.

수익과 엄격한 '현금 지불'이라는 의무 사항 이외에 인간과 인간 사이에 어떠한 유대도 남겨두지 않았다. 부르주아 계급은 종교적 환희, 기사도적 열정, 쁘띠 부르주아의 감상적 성격sentimentalité을 이기주의적 계산이라는 얼음물에 빠뜨렸다. 이들은 개인적 존엄을 단순한 교환가치로 만들었고, 너무나 값비싼 대가를 치르고 획득한 여러 자유를 무자비한 거래라는 단 하나의 자유로 교체했다. 한마디로, 종교적 환상과 정치적 환상이 은폐하는 착취를 노골적이고도 뻔뻔하며 직접적이고도 난폭한 착취로 대체한 것이다.

부르주아 계급은 그때까지 훌륭한 것으로 통하며 성스러운 존경을 받던 모든 활동에서 그 후광을 벗겨버렸다. 의사, 법률가, 사제, 시인, 학자를 급료를 받는 임금노동자로 만든 것이다. 부르주아 계급은 가족 관계relations를 덮고 있던 감상적 성격의 장막을 찢어내고 그러한 관계를 오로지 단순한 금전 관계rapports로 환원시켰다.

[…] 경직되고 녹으로 뒤덮인 모든 사회적 관계는 오래되고 존엄한 견해나 관념들과 함께 용해되며, 이것들을 대체하는 견해와 관념들은 경화되기도 전에 노쇠해진다. 확고함과 영속성을 갖췄던 모든 것이 연기 속에 사라지고,

성스러웠던 모든 것이 더럽혀지며, 결국 사람들은 미망에서 일깨워진 눈으로 그들 자신의 실존 조건들을 그리고 그들 사이의 상호관계를 바라보도록 강제된다.

여기에서 마르크스가 서술하는 것은 전통으로부터의 이탈로 인해 실제로 인류의 상징적 구성에 엄청난 위기가 열렸다는 점이다. 확실히 수천 년 동안, 인간의 삶에 내부적인 차이들은 어떤 위계적 형태로 규약화·상징화되었다. 가장 중요한 이중성들, 그러니까 젊은이와 늙은이, 여자와 남자, 불쌍한 자와 힘 있는 자, 나의 집단과 다른 집단들, 외국인과 내국인, 이단자와 신실한 자, 평민과 귀족, 도회지와 시골, 지식인과 육체노동자를 나누는 이중성들은 계급 구조 structures d'ordre에 의지하여 언어, 신화, 이데올로기, 정립된 종교윤리에 따라 다루어졌으며, 이러한 구조들은 [앞에서 언급된 이중성들에서] 한쪽과 다른 한쪽의 장소를 복잡한 위계적 체계들로 규약화하는 것이었다. 예컨대, 귀족 여자는 남편보다 열등하지만 민중에 속한 남자보다는 우위에 있었고, 부유한 부르주아는 공작 앞에 머리를 조아려야 하지만 자기 종들은 그 [부르주아] 앞에 머리를 숙여야 했으며, 마찬가지로 어떤 인디언 부족의 기혼 여성은 그 부족의 전사에 비할 때 거의 아무것도 아니지만 다른 부족의 포로에 비할 때는 모든 것이었고 때로 그 포로의 형벌 규칙을 정하기도 했다. 혹은 가톨릭교회를 충실하게 따르는 극빈자는 자기 주교 옆에 설 때 무시할 수 있을 [실존의²¹] 양을 갖지만 프로테스탄트 이단자에 비하면 선택받은 자élu로 간주될 수 있었으며, 마찬가지로 자유민의 아들은 아버지에게 완전히 의존하지만 개인적으로는 큰 가족을 거느린 흑인 가장père을 노예로 부릴 수 있었다……

이런 방식으로 모든 전통적인 상징화는 장소들을 배열하고 결과적으로 이 장소들 간의 관계를 배열하는 계급 구조에 기초한다. 전통으로부터의 이탈, 이를테면 생산, 교환, 그리고 마침내 사회적 장소들—자본과 노동, 이익과 임금 사이의 대립을 지배하는 다른 형태로 환원되는—의 일반 체계인 자본주의로 실현되는 그러한 이탈은 실제로 어떠한 유효한 상징화도 제시하지 않으며, 오로지 경제라는 난폭하면

21_ 이 부분에서 원문은 'était quantiténégligeable'(무시될 수 있는 양이었다)로 되어 있으나, 위계와 양을 언급하는 것을 감안할 때, 이는 일종의 실존의 양에 따른 위계를 말한다고 간주할 수 있다. 관련된 논의는 『세계의 논리』에서 자세히 다루어지는데, 여기에서 제시되는 설명에 따르면, 세계는 나타남의 논리로 구성되며, 세계를 구성하는 사물들은 선험성(또는 선험적인 것)이라 지칭되는 강도intensité의 집합에 의해 색인된 실존의 양에 따라 위계화된다.

서도 독립적인 게임만을, 곧 마르크스가 "이기주의적 계산이라는 얼음물"이라고 멋지게 명명하는 어떤 것의 상징 없는 a-symbolique 중립적neutre[22] 규칙만을 제시한다. 전통에 의해 위계화된 세계로부터의 이탈은 위계가 없는 상징화가 아니라, 그저 경제의 굴레와 이에 수반된 하찮은 수의 욕구에만 종속되는 계산 규칙의 굴레 아래 놓인 폭력적인 현실의 제약을 제시한다. 그 결과는 역사적인 상징화의 위기이며, 여기에서 동시대의 젊은이들이 방향 상실을 겪게 되는 것이다.

중립적인 자유라는 위장막 아래 오직 돈만을 보편적인 준거물이라 주장하는 이러한 위기에 비추어볼 때, 내가 보기에는 오늘날 양자 모두 완전히 보수적이며 참된 주체적 질문들에 부적합한 두 가지 유력한 길이 있는데, 이 두 가지 길에 인류가, 특히 젊은이들이 붙잡혀 있다.

첫 번째 길은 자본주의와 그 공허한 '자유들'에 대한 무한정한 변론이며, 그러한 자유들은 오로지 상업적인 결단의 허무한 중립성neutralité(공정성)으로 확인된다. 이 길을 내가 '서구의 욕망'이라고 부르는 무엇에 대한 호소, 즉 프랑스나 다른 모든 동일한 유형의 나라에서 우리 사회의 자유롭

22_ '객관적인' '공정한' 정도의 의미로 읽을 수도 있다.

고 '민주주의적'인 모델보다 더 나은 것은 실존하지 않으며 실존할 수도 없다는 강변에 대한 호소라고 명명하자. 최근에 파스칼 브뤼크네르Pascal Bruckner가 어처구니없게도 자기 글에 "서구적 생활양식은 타협할 수 있는 것이 아니다"라는 제목을 붙였던 것처럼 말이다.[23]

두 번째 길은 전통적 상징화, 다시 말해 위계적 상징화로의 회귀를 바라는 반동적 욕망이다. 이러한 욕망은 흔히 이러저러한 종교적 서사로 위장되는데, 이는 미국의 프로테스탄트 교파들이나 중동의 반동적인 이슬람 중심주의islamisme 또는 유럽에서 전례를 고수하는 유대교적 특성judaïté으로의 회귀와 관련된다. 하지만 그러한 욕망은 민족적 위계('뿌리

23_ 프랑스의 좌파 신문 『리베라시옹』 인터넷판 2015년 2월 25일 자에는 파스칼 브뤼크네르의 이름으로 「Le mode de la vie occidental n'est pas négociable」라는 제목의 글이 게재되어 있다. 샤를리 에브도 테러 사건(2015년 1월 7일에, 무함마드의 희화화에 대한 응징을 주장하는 무슬림 테러리스트들이 프랑스의 풍자 주간지 샤를리 에브도 직원들을 사살했던 테러 사태) 이후 거의 두 달이 지난 시점에 쓰인 이 글은 종교와 신념의 자유, 세속주의, 개인의 권리와 자유 등의 서구적 가치를 옹호하며 이슬람도 유럽 안에서 여러 종교 중 하나가 되어야 함을(즉 이슬람의 유럽화) 주장하며, 세속주의 때문에 무슬림의 관습을 억압하지 말아야 한다고 주장하는 좌파들을 이슬람과 테러 세력의 동조자라고 비난한다. 어쨌든 바디우의 논점은 그러한 개인적 신념의 존중과 자유를 주창하는 서구적 가치와 생활양식 이면에 자본과 시장의 자유가 그리고 따라서 무자비한 자본주의의 세계화가 자리하고 있다는 것이다. 바디우는 『우리의 병은 오래전에 시작되었다Notre mal vient de plus loin』에서 이 글에 관해 짧게 언급하며, 브뤼크네르가 바라는 것이 전쟁이라고 비판한다.

부터' 프랑스인 만세! 러시아 정교회 만세!)나 순전한 인종주의(식민지 출신에 대한 이슬람 공포증이나 되풀이되는 반유대주의) 또는 결국 개인적 원자론(나 자신 만세! 다른 사람은 다 나가떨어져라!)에 깃들 수 있다.

내가 보기에, 이 두 가지 길은 극도로 위험한 난관이며, 점점 더 피로 물드는 이 두 가지 길의 모순은 인류를 끝없는 전쟁의 순환으로 끌고 들어간다. 그것은 전적으로 진정한 모순의 작용을 방해하는 거짓 모순의 문제다.

이 진정한 모순, 곧 사유에 있어서나 행동에 있어서 우리가 기준으로 삼아야 할 모순은 위계화를 수반한 상징적 전통에서의 필연적인 이탈에 관한 두 가지 전망을 대립시키는 그러한 모순이다. 즉, 서구 자본주의의 상징 없는a-symbolique 전망—괴물스러운 불평등과 병인적病因的, pathogènes인 방황을 낳았던—과 일반적으로 '공산주의'라 명명되는 전망—마르크스와 그의 동시대인들 이래 평등주의적 상징화를 발명해야 한다고 주장했던—이 대립되는 모순 말이다. 소련이나 중국에서 공산주의 국가의 잠정적인 파탄 이후 이러한 근대세계의 근본적인 모순은 오늘날 거짓 모순으로 가려지는데, 이러한 거짓 모순이란 전통으로부터의 이탈에 비추어볼 때 서구의 중립적이면서도 메마른 순수한 부정성—오래된 상징적 위계를 분해시켜버리고 이를 화폐적 중립성으로 위장된 실제적 위계로 대체하는―과 파시즘적 반동―실제로는 그 자체의 무력함을 감출 용도로 펼쳐내는 극적인 폭력을 동원하여 오래된 위계로의 회귀를 권장하는―사이에 놓인 모순이다.

　이러한 모순이 그만큼 더 거짓인 것은 실제로, 그 시체를 흔들어 깨운다 하더라도, 반동적 파시즘의 실제적 우두머리와 모리배들이 결코 죽은 신을, 곧 고대세계에서 위계화된 상징적 질서의 정점이자 보증물인 동시에 열쇠였던 죽은 신을 섬기는 광신도들mystiques이 아니기 때문이다. 그들은 사실상 서구의 주요 금융가 집단들과 같은 세계에 귀속된다. 이들은 양자 모두 집중된 약탈적 자본주의 외에는 어떠한 사회들의 세계적인 조직도 가능하지 않다는 사실에 동의한다. 이들 양자는 인류에 어떠한 상징적 혁신nouveauté도 제시하지 않는다. 그들이 제시하는 분쟁différend(불화)은 오로지 사회적 역량, 집합적 조직의 힘, '이기주의적 계산이라는 얼음물'에 대한 평가와 관련된다. 우리 서구의 주인들이 보기에, 가장 부유한 자들의 귀족 계급과 엄청나게 많은 무리의 평민 계급으로 이루어진 인류는 그런 정도만으로도 자신의 진로를 속행하기에 충분하다. 돈은 비물질적인 상징의 역할을 담당할 것이다. 모든 방면의 반동적인 자들의 관점에서

볼 때, 우리는 오래된 윤리와 신성화된 위계들로 되돌아가야만 하며, 그러지 않는 이상 정기적으로 체계 자체의 전반을 처음부터 재검토해야 할 심각한 장애에 이를 것이다.

이러한 분쟁은 무엇보다 [파시즘적 지배자들과 서구 금융가들] 양자의 이해관계에 봉사한다. 이들의 불화가 겉으로 보기에 아무리 격렬하다 할지라도 말이다. 의사소통 수단의 통제로부터 도움을 얻어, 이 분쟁은 전반적인 이익을 사취詐取하고, 이에 따라 인류를 재앙으로부터 구할 수 있는 유일한 지구적 신념의 출현을 막는다. 이러한 신념—내가 종종 공산주의적 이념Idée이라고 명명하는—이 선언하는 바는 전통으로부터의 불가피한 이탈의 수용 이후, 그러한 이탈과 동일한 운동 가운데, 우리가 평화를 회복한 주체적 토양을 호위하고 규약화하며 형성할 수 있는 평등주의적 상징화의 발명에, 자원의 집산화에, 효과적인 불평등의 소멸에, 평등한 주체적 권리에 따른 차이의 인정에, 그리고 마지막으로 국가적 유형에서 분리된 권력 당국의 소멸에 힘써야 한다는 것이다.

이러한 평등주의적 상징화의 요구라는 틀 안에서, 나는 가장 나이 든 노인들과 함께 거짓 모순의 지배로부터 일차로 영향을 받는 사람들인 청년들에 관해 재검토할 수 있을 것이다.

여러분 젊은이들은 전통으로부터의 현실적인 이탈에서, 그리고 거짓 모순이라는 상상적 차원에서 오는 이중적인 영향 안에 던져진다. 다른 한편으로, 내 생각에, 여러분은 새로운 세계의 문턱에, 곧 평등주의적 상징화의 문턱에 서 있다. 그 작업은 단순하지 않다. 오늘에 이르기까지, 모든 사회적 상징화는 위계화되어왔다. 그러니까 여러분은 전적으로 새로운 과제에 여러분 자신의 주체성을 맞춰야 한다. 즉, 자본주의적 계산이라는 얼음물에 빠진 상징계의 붕괴에 반대하는 한편, 반동적 파시즘에 반대하는 새로운 상징화의 발명이라는 과제에 말이다. 이런 이유로 여러분은 일어나는 무언가에, 젊은이들에게 일어나는 어떤 일에, 곧 무한한 사춘기adolescence와 실업에, 출신이나 신념에 따른 구별과 실존의 방향 상실에 주의를 기울여야 하지만, 또한 양성 간의 새로운 관계에, 장년들adultes이나 노인들이나 세계 모든 곳의 젊은이들과의 사이에 형성될 새로운 관계에 주의를 기울일 의무를 지닌다. 거기에 그 모든 것이 주어진다. 또한 일어날 수도 있을 어떤 것의 징후signe(신호)가, 어떤 상징화 가능한 미래를 구성할 수 있을 어떤 것의 징후가 주어진다. 이 징후들은 숨겨져 있어 대개 읽어내기가 쉽지 않지만, 철학자는 그저 일어나는 어떤 것에 주의를 기울여야 할 뿐만 아니라, 그 자신의 경험에서 그에게 가장 단독적인singulier 것으로, 가장 독창적인original 것으로, 가장 드문 것으로 각인되는frappe 무언가에 주의를 기울일 의무가 있다. 이를테면, [지금] 존재하는 무엇보다는 오히려 [장차] 다가올 무엇을 향하도록 신호하는fait signe 어떤 것에 대해서 말이다.

모든 사람에게, 하지만 특히 젊은이들에게, 일어나는 무언가와 다른 것이 일어날 수도 있는 징후들에 대해 주의를 기울이는 일보다 중요한 것은 아무것도 없다. 여러분이 주의 깊게 살핀다면, 그리고 광대한 세계에서 일어나는 모든 것을 훈련된 방식으로 검토한다면, 이러한 징후들을 찾아낼 수 있을 것이다. 그런데 여러분은 또한 [삶에서] 중요한 경험이나 독창적이고도 환원 불가능한 방식으로 이 경험에 내포된 어떤 것에서도 그러한 징후들을 찾을 수 있다. 달리 말하자면, 여러분이 할 수 있는 어떤 것이 있다고 할 때 그것은 삶의 구축이며 할 수 있는 무언가를 사용하는 것일 뿐이지만, 여러분이 아직 할 수 있는지 알지 못하는 무언가가 있다면 그것은 바로 미래의 평등주의적 상징화에 대해 가장 중요하며 가장 [긴밀하게] 연결되는 무엇으로, 즉 우리가 예상할 수 없는 무언가에 마주칠 때 발견되는 어떤 것이다. 예를 들어, 완전히 사랑에 빠져버릴 때처럼 말이다. 이때 우리는 [이전에] 할 수 있는지 알지 못했던 것들을 할 능력이 있음을 깨닫는다. 사유나 상징적 창조의 영역에서 [발휘할 수 있는] 역량을 비롯하여 알지 못했던 역량을 가졌다는 점을 말이다. 우리가 믿었던 것 외에 다른 많은 것을 할 능력이 있다는 이러한 새로운 발견révélation은 또한 어떤 새로운 집합적인 삶의 이념을 위한 봉기soulèvement에 참여할 때, 독서나 음악이나 그림에 감동받아 여러분 안에 있는 예술적인 소질vocation이 고조될 때, 또는 발표되지 않은 과학적 문제들에 이끌릴 때에도 일어난다. 이 모든 경우에, 우리는 자기 안에 있는지조차 몰랐던 역량을 발견한다.

여러분에게는 쌓아올릴 수 있는 무엇이 있지만 또한 여러분으로 하여금 먼 길에 나서게 하는 무엇이 있으며, 여러분을 정착하게 하는 어떤 것이 있지만 또한 여러분에게는 여행과 망명에 나설 수 있는 역량이 있다고 말할 수 있겠다. 두 가지 역량은 동시에 주어진다. 정착은 더 이상 허무주의적이지 않은 방황에 따라 취소될 수 있는데, 이는 어쨌든 방향이 정해진 방황이며, 참된 삶을, 어떤 알려지지 않은 상징을 찾기 위한 나침반이다.

이러한 논점은 내가 이야기를 시작했던 모순, 곧 삶을 불

태우는 것과 삶을 쌓아올리는 것 사이의 모순과 관련하여 의식적으로든 무의식적으로든 젊음의 주체성을 구성하는 어떤 것이다. 나는 두 가지 경향 사이의 연관을 정립해야 한다고 이야기하겠다. 여러분이 쌓아올리기 바라는 무엇, 곧 여러분이 할 수 있는 무엇이 있지만, 또한 여러분에게 떠나라고partir, 여러분이 할 수 있고 쌓아올릴 수 있으며 배치할 수 있는 것 너머에 이르라고aller au-delà de[24] 부르는 무언가의 징후들이 있다. 떠남départ(출발)의 힘. 쌓아올림과 떠남. 그 둘 사이에는 모순이 없다. 그것은 무언가 다른 것이 여러분에게 참된 삶의 방향을 신호하기에 여러분이 쌓아올리는 어떤 것을 포기할 수 있음이다. 참된 삶은 오늘날 상업적 중립성neutralité(공정성) 너머에, 그리고 오래된 위계적 위성들 너머에 위치한다.

이 모든 것에 관해 나는 결정적인 이야기를 시인에게 넘길 것인데, 그 이유는 이러한 떠남의 문제, 곧 추방déracinement과 자기 자신으로부터 뿌리 뽑힘arrachement과 발명된 상징들의 문제에 관해 시인들이 어떤 새로운 언어를 찾아낼

24_ 'aller au-delà de'를 '~을 능가하다'로 옮길 수도 있다.

25_ poésie를 시로 번역하기는 하지만 이 말은 시작詩作(시 짓기)이나 시와 관련한 전반적인 것을 지칭한다. 참고로 한 편의 시 작품을 지칭하는 말은 poème다.

수 있기 때문이다. 이런 의미에서, 시poésie[25]는 어떤 영원한 젊음의 언어 안에 자리 잡는 정착fixation(고정)이다. 나는 생존 페르스Saint-John Perse[26]의 시 한 편의 마지막 구절을 차용하는데, 그는 지난 세기 20년대에서 50년대에 활동했으며 이 시의 제목은 「아나바즈Anabase」다. 그리스어로 하자면 아나바시스Anabasis로, 그것이 의미하는 바는 '거슬러 오름remonter'이며 어려운 목적지를 향해 되돌아가는 혹은 거슬러 오르는 방황이다.[27] 이런 의미에서 이 말은 젊음의 은유인 것이다. 『아나바시스』는 페르시아 내전에 참가한 용병들의 역사를 이야기하는 한 고대 그리스의 책 제목이다. 이 책의 저자는 크세노폰Xénophon인데, 그는 이 용병들을 이끄는 장교였다. 이 시대에도 이미 용병은 있었다. 오늘날 여러분이 아프리카나 중동에서, 심지어 중부 유럽에서 발발한 모든 전쟁에서 용병들을 발견하게 되는 것처럼 말이다. 용병들이란 실제로 정치적인 층위에서 무슨 일이 일어나는지에는

26_ 프랑스의 시인이자 외교관으로 활동했던 마리 르네 오귀스트 알렉시 생레제 레제 Marie René Auguste Alexis Saint-Léger Léger의 필명이다.

27_ 20세기를 휩쓸었던 새로운 것을 만들기 위한 열정, 곧 실재에 대한 열정과 그 방황적 힘에 관해 이야기하는 바디우의 책 『세기Le Siécle』에는 「아나바시스」라는 장이 있는데, 이 장에서는 생존 페르스의 시와 함께 파울 첼란의 동명의 시 「아나바시스」를 분석한다.

관심이 없는 사람들이며, 이들은 어떤 고용주에게서 보수를 받고 피 흘리는 병사들의 노동을 할 뿐이다. 크세노폰이 쓴 책의 이야기에서 페르시아의 고용주는 중요한 전투에서 전사하고, 다른 모든 페르시아 병사들은 패주해버린다. 그리고 그리스 용병들은 오늘날의 터키로부터 [행군하여] 페르시아 한가운데 놓이지만, 그들은 흔들리지 않는 용기로 꼭 그들의 고국을 향해 거슬러 오르기를, 북쪽을 향해 떠나기를 바란다. 그들은 완전히 길을 잃고 방황하지만, 어쨌든 고국을 향해 떠나야만 한다. 이념idée이란 바로 이런 것이다. 우리는 버림받고 길을 잃었지만 그럼에도 우리가 될 수 있는 것을 향해, 여러분의 진정한 현실인 무언가를 향해 떠날 수 있음을 생각한다. 주체로서의 여러분은 결코 자기 집을 단단히 지어올림으로써 실현되지 않으며, 따라서 주체는 그 자신을 향해 떠날 수 있어야 한다. 전통이란 그저 오래된 집일 뿐이며, 방황의 횡단은 그 집에 어떤 새로운 긍정affirmation(단언)을 만들어낸다. 그럴 때 여러분은 여러분 자신의 자리에 관한 하나의 새로운 상징화를 얻게 된다. 참된 집은 사유와 행위의 모험으로 여러분이 집을 떠나서 거의 잊어버릴 쯤에야 발견할 수 있는 무엇이다. 우리가 언제까지고 머무는 집은 단지 자발적인 감옥일 따름이다. 삶에서 중요한 무언가가 일어날 때는 언제나 여러분을 위한 참된 삶la vraie vie을 구성하는 어떤 것으로 정향된 떠남départ(출발)이나 뿌리 뽑힘과 같은 순간이다. 아나바시스는 우리가 길을 잃었으나 자기 자신에게로 향하며, 이 길 잃음égarement과 떠남의 내부에서 참된 자기를 발견하여 인류 전체와 함께 평등주의적 상징화의 단계들을 발명할 것이라는 이념인 것이다.

크세노폰의 『아나바시스』에는 멋진 장면이 하나 있다. 용병들은 그리스인들이며 따라서 뱃사람들이다. 북쪽을 향해 거슬러 올라감으로써 그들은 다시 바다를 마주한다. 그들은 [북쪽으로] 올라가고, 또한 언덕을 올라 거기 그 위에서 바다를 바라본다. 그리고 모두 외친다. "탈라사! 탈라사!Thalassa! Thalassa!"28, 다시 말해 "바다다! 바다다!La mer! La mer!"라고. 그 외침은 뱃사람marins이라는 그들의 오랜 존재를 재상징화한다re-symbolisent. 젊음 또한 이런 것이며, 이런 것이 젊음이어야 한다. 바로 세계의 바다를 향한 아나바시스여야 한다.

오늘날, 젊음은 자유와 가능성을 가지기에 더 이상 전통에 얽매이지 않는다. 그러나 이 자유를, 이 새로운 방황을 어떻게 할 것인가? 창조적이고도 강렬한 참된 삶에 관해 우

28_ 탈라사는 바다의 여신이며, 그리스 신화 이전부터 있던 원초신으로 여겨진다.

리가 할 수 있는 것을 찾아야 하며, 그러한 삶 자체의 역량을 향해 거슬러 올라가야 한다. 바로 거기에서 여러분은 새로운 평등주의적 상징화를 실행할 채비를 갖추게 될 것이다. 구축과 부정 사이의 관계란 그런 것이다. 그리스 용병들에게 있어, 이에 관한 은유는 농부와 병사와 뱃사람 사이에서 갑작스럽게 발견된 관계다. 그 외침은 우리가 땅 위에 펼쳐지는 삶의 모험에서 잃어버린 무엇에 대한, 그러나 단순한 복귀나 반복이 아니라 그것의 새롭고도 강렬한 의미에 따라 마주하게 된 무엇에 대한 외침이다. "탈라사! 바다다!Thalassa! La mer!" 상징으로 바뀐 바다, 그것은 고대의 조건이 아니라 전대미문의 경험에 대한 새로운 평등주의적 분유partage(나눔)와 관련된다.

여기 이 동일한 노선에 생존 페르스의 시 「아나바시스」의 종결부가 있다.

그러나 땅 위에 인간들의 행동 위로 너무나 많은 방랑의 표시와 떠다니는 홀씨들이, 그리고 맑은 날씨의 무교

29_ 유대인들이 유월절에 먹는 발효 없이 구운 넓적하고 얇은 떡. 떡이라고 말하기는 하지만 발효를 하지 않기에 크래커처럼 단단하고 바삭하다. 이 시구에서 시인은 맑은 날씨와 무교병의 넓적하고 하얀 이미지를 연결 짓는다.

병azyme[29] 아래로 대지의 큰 날숨에 모든 수확의 깃털이……

암별étoile femelle이, 높은 하늘에 걸린 순수한 무엇이 나타나는 저녁 시간까지……

꿈의 경작지를! 쌓아올림을 말하는 자 누구인가?

나는 광막한 공간에 펼쳐진 땅을 보았으나 내 생각은 결코 항해자에서 멀어지지 않았네.

그래서 오늘날 젊다는 것은 하나의 장점인가 아니면 장애인가? 전통으로부터 철저히 해방된 세계에 사는 새로운 젊은이들을 받아들이려면, 세계는 변화해야 할 것이다. 새로운 땅은 또한 새로운 사유를, 새로운 세계에 필요한 새로운 상징화의 장치들을 발명할, 아니 이미 발명하고 있는 모든 젊은이의 "꿈의 경작지"일 것이다. 쌓아올려야 하며, 확실히, 토대 지어야 한다. 그러나 세계는 광대하고, 사유는 그 규모를 수용하며 작용해야 한다. 나는 그저 모두에게 정착installation이 우선이 아니기를, 곧 자리나 경력이 아니라 꿈과 유사한 것soeur du rêve일지도 모를 참된 사유가 우선이기를 바랄 수 있을 뿐이다. 출발의 사유가, 움직이는 세계의 바다에 대한 참된 사유가, 정확하고도 방랑하는 사유가, 방랑하

기에 정확한 사유가, 바다의 사유가 우선이기를 말이다. 모두
가 이렇게 말할 수 있기를. "나는 광막한 공간에 펼쳐진 땅
을 보았으나 내 생각은 결코 항해자에서 멀어지지 않았네."

2장

**동시대를 사는
소년들의 장래에 관하여**

플라톤은 오래전에 이런 질문을 철학적으로 가장 중요한 질문이라 생각했다. 철학자는 젊은이들에게 무엇을 말할 수 있는가?

앞 장에서 이미 나는 이 문제에 전반적으로 대답했으나, 진실을 말하자면 거기에 중요한 모티프인 성차différence des sexes를 집어넣지 않았다. 이 장에서 나는 소년들garçon의 장래에 관해 이야기할 것이다. 소녀들filles에 관한 이야기만이 남을 터인데, 나는 마지막 장이 될 세 번째 장에서 이에 관해 이야기할 것이다.

내가 여기에서 할 이야기는 나의 세 아들 시몽과 앙드레와 올리비에에게 바친다. 이 아이들은 모두 때로 약간은 거친 방식으로 자신에게 있어서나 부모에게 있어서 아들이라는 것이 무엇인지 내게 가르침을 주었다.

한 개념적 신화로 내 이야기를 시작하려 한다. 『토템과 타부』와 『모세와 일신교Moïse et le monothéisme』라는 프로이트의 작품에서 구상된 집단ensemble이라는 개념으로 말이다. 정초적인 인물들의 양식에 따라, 프로이트는 헤겔의 방식으로 하나의 이야기histore를 크게 세 개의 장으로 나눠 전달한다. 먼저, 원시 부족 무리horde primitive의 이야기가 제시되는데, 여기에서는 향락적인 아버지가 모든 여자를 차지하고 있기에 아들들이 들고일어나 아버지의 살해를 모의한다. 이 이야기는 아들들이 가능한 한 그 상황을 평등주의적으로 관리하기 위해 그들 사이에서 맺게 된 어떤 협정에서 유래한다. 두 번째 장은 죽은 아버지를 높여 유일신의 형상을 한 법Loi으로 만드는 승화를 다룬다. 아버지는 다시 한번 까다로운 보호자이자 엄격한 의지처가 되지만, 살해된 실재의 아버지père는 오로지 상징적 아버지Père의 형태로 되돌려진다고 이해해야 한다. 세 번째 장은 기독교에서 아버지의 영광에 대한 아들들의 분유participation(공유)를 이야기하는데, 그 대가는 매우 폭력적인 입문의례initiation, 곧 실질적으로 인류가 스스로에게 고난과 죽음을 부과한다는 사실에 들어서는 신의 아들들의 입문의례다.

이렇게 말해도 된다면, 이 이야기가 그 자체로 구조를 이야기하는 이상, 나는 오늘 이 이야기의 시사점에 관해 세 가지를 지적하겠다.

먼저 아버지에 관한 이야기로 시작해보자. 첫 번째 이야기에서, 우리는 어떤 실재의 아버지를, 향유의 아버지를, 결코 향유의 독점을 양보하려 들지 않는 아버지를 마주하게 된다. 그리고 아들의 편에서 효력이 있는 만큼이나 실재적인 여건donnée이 오로지 [부친] 살해로만 누그러뜨릴 수 있을 공격성임을 알게 된다. 두 번째 이야기에서, 우리에게는 실재의 아버지를 바탕으로 하는 상징적 아버지가 주어지지만, 라캉이 말할 것처럼, 이 상징적 아버지는 타자Autre의 자리로 되돌려진다. 아들의 편에서, 우리는 마치 실재적 아버지에 의해 야기된 공격성의 역전이 일어난 것처럼 큰 타자에 대한 숭배를, 따라서 무한정한 복종의 형상을 발견하게 된다. 세 번째 이야기, 곧 기독교의 이야기에서는 우리에게 상상적 아버지가 주어진다고 말하고 싶은 유혹을 받는다. 그 아버지는 실제로 모종의 배경으로 밀려나, 아들들의 행위가 펼쳐지는 무대가 된다. 그는 세 가지 심급으로 이루어진 상상적 전체성이 되어, 아버지인 동시에 삼위trinité[1]가 된다. 그러나 상징적인 것le symbolique과 마찬가지로 실재le réel에서도, 이 세 심급은 전체화될 수 없고, 따라서 아버지는 유사물semblant과 연결될 뿐이다.

프로이트가 우리에게 해주는 이야기에서 이런 것들이 바로 아버지의 기초적인 변형들이다.

그러나 우리에게 중요한 것은 아들이다. 이 이야기에서, 아들의 장래는 하나의 변증법적 구축이며, 이는 진실로 모든 고전적인 변증법적 구축의 모델이다. 만일 아들이 마침내 아버지와의 완전한 화해가 달성되는 장소—아버지와 공共 실체적인co-substantiel[2] 아들, 아버지의 권한을 차지하는 아들 등—에 이른다면, 오직 세 단계를 거친 끝에서야 그럴 수 있다. 즉, 직접적이고도 폭력적인 공격성의 단계, 법에 대한 복종이라는 상징적 단계 그리고 공유된 사랑이라는 마지막 단계를 거쳐야 한다고 말이다. 법이라는 매개를 통해 살해를 대신하는 대체물로서의 사랑, 그런 것이 아들의 운명이다. 구체적인 반항, 추상적인 복종, 보편적인 사랑이 바로 아들이 따라가야 할 운명인 것이다.

이러한 변증법적 장래에서 입문의례의 장소를 알아보는

1_ 기독교에서 말하는 '성부, 성자, 성령'의 삼위일체를 의미한다.
2_ '실체(또는 질료, substance)를 공유하는'

것이 중요하다. 아들은 오직 몸에 표시를 남기는 입문의례, 곧 고난과 죽음의 입문의례를 가로지름으로써 화해라는 최상위 영역에 들어가며, 우리는 이로부터 비범한 도상학적 운명을 인식한다. 고난당하는 아들의 몸은 무한한 신이 끔찍한 유한성으로 들어가는 입문의례를 보여주는 근본적인 형상이다. 이런 방식으로, 아들이 '승천Ascension'이라 이름 붙은 운동에 의해 아버지의 품으로 돌아갈 때, 우리는 부활한 자의 몸에 새겨진 시작의 폭력이 남긴 표시를 보존한다.

우리는 여기에서 낙관주의적인 철학자에게 전적으로 만족스러운 정합적인 구축물을 얻는다. 비록 이 철학자가 무신론자이기는 하지만, 이 구축물은 단계들의 개념notion을 보존하는 한편, 인류의 장래의 화해된 형상으로 귀결되기 때문이다.

문제는 오늘날 이러한 구축이 그것의 양 측면에서 흔들린다는 것이다. 아버지의 편에서, 그는 적어도 아들에 의해 관찰되지 않는 이상 실재로도 상징으로도 생각되기가 어렵기 때문이다. 오늘날 내가 실제로 염려하는 것은 아들이 바라본 아버지다. 그래서 나는 이러한 형상이 주이상스jouissance(향유)의 아버지이자 법의 아버지로서[3] 곤란한 형상이라고 말할 수 있다. 주이상스와 관련하여, 아버지는 오늘날 아들의 주이상스를 질투하는 경향이 있다. 실제로 그저 대상으로서만이 아니라 특히 주체로서도 청춘지상주의 jeunisme나 젊은 육체라는 근대적 현상이 있다. 오랫동안 아버지는—때에 따라 음탕한—늙은이로 표상되어왔다. 오늘날의 사회가 규정하는 주이상스의 관점에서 이 형상이 실제로 보이지 않는 형상이 된다는 점은 명백하다. 말이 나온 김에, 나는 노년의 비가시성을 가능한 한 많이 늘리는 것이 우리 사회들의 특징이라고 이야기할 것이다. 실재적인 아버지는 이러한 사회적 비가시성 안에 놓인다. 대칭적으로, 상징적인 아버지로서, 그는 또한 아들의 시선regard을 견뎌야만 하는 난국에 처하는데, 가장 명백한 법이 이제는 그에게 외부적이기 때문이다. 이 법은 실제로 시장의 법과 다르지 않으며, 모든 것을 동등하게 하고 익명적인 법이 되는 특징을 지닌다. 그런 방식으로 아버지의 형상은 법과 절연하며, 아들들에 대한 잠재적인 억압은 그 자체로 무無상징적 a-symbolique이다. 이 법은 아버지의 법으로 구성되거나 인정되기에 이르지 못한다. 무질서하기에, 즉 비실존적인 동시에 초과적이기에, 아들들에 대한 사회적 억압은 상징의 힘에 외

3_ '실재의 아버지이자 상징적인 것의 아버지로서'

부적인 것이 된다.

성향적으로 아버지보다 상상적인 것은 없다고 말해야 할 것인가? 그것은 신 없는 기독교라 불릴 수 있을 무엇의 승리라 여겨진다. 이를 기독교라 부를 수 있는 것은 아들이 그 모험의 새로운 영웅으로 승급되기 때문인데, 이 모험은 오직 상업적 근대성에서 패션과 소비와 표상représentation이라는, 모두 젊음에서 유래한 속성들과 관련된다. 그러나 신이 없다는 말이 의미하는 바는 진정한 상징적 질서가 없다는 것으로, 아들이 지배한다 해도 그것이 유사물에 대한 지배 이상이 아니기 때문이다.

요컨대 아버지의 편에서는 이미 아들에 대한 예측 가능한non aléatoire(도박적이지 않은) 정체성 확인identification에 상당한 어려움이 읽힌다. 아들의 정체성identité은 실제로 불분명한데, 이는 아들에게 있어 변증법이 망가지는 탓이다. 그리고 이 변증법이 망가지는 까닭은 그것을 구성하는 형상들이 사라지는 탓이 아니라 그 형상들이 점차 이탈하거나 풀려나기 때문이다.

이 사안들을 묘사적인 방식으로 검토해보자. 특히 인민 대중에 속한 젊은이들에게서 어떤 근본적인 아들들의 구조는 집단bande, 곧 두려움의 대상으로 인구에 회자되는 '젊은이들의 집단'이다. 이 집단은 어떤 특정한 의미로 프로이트가 말하는 [원시 부족의] 무리horde를 재생하며, 이런 측면에서 사회적 우주의 재앙으로 고려된다. 문제는 명확하게 아버지 없는 무리와 관련되고, 따라서 구원적인 [부친] 살해나 형제들 간의 기원적인 협약의 가능성이 없다는 것이다. 이러한 가능성은 아버지를 향해 공격성을 돌리는 행위에서 구성원들 사이에 인정되는 협약이 아니라 모방적인 분리로부터 그 일관성을 유지한다. 그 집단은 독자적이며 그 자체의 규범을 갖지만, 이 분리는 또한 분명한 정체성identité과 유사성similitude이기도 한데, 그것이 무한한 교환, 구매, 그리고 결국 거래의 윤곽에서 시장의 대상들의 유통을 관건으로 삼기 때문이다. 이 분리는 영토화territorialisée되지만, 이 영토화는 대칭적이며, 그 영토territoire는 그저 논쟁의 여지가 있는 어떤 다른 영토의 거울일 따름이다. 그 집단은 일종의 움직이지 않는 방랑생활nomadisme 외에 다른 것을 구축하지 않는다. 그 공격성, 곧 이 무리가 구성될 때 나타나는 공격성은 여기에서 운율에 따른 구획이 없으며sans scansion, 그것은 정초적 행위로 응축될 수 없다. 그런데 어떤 정초적이지 않은 공격성이란 반복에 바쳐질 뿐이기에, 결국 죽음충동pulsion de mort[4]에 의해 지배된다.

바로 이런 것이 아들의 변증법에서 첫 번째 항이, 다시 말해 공격성이 구성되는 장소다.

두 번째 항에 관해서, 법에 대한 복종이 유발되는 장소에 관해서는 무엇을 말할 수 있을까? 물론 그 집단 안에 법에 따른 관계가 있기는 하지만, 이 관계는 한편으로 관습, 복장, 언어, 몸짓 등에 관련한 유사물의 모방에 있어 다시 한 번 법을 와해시키는 표현représentation의 명령과 다른 한편으로, 전환적 행동이 아니라 단순한 영속화를 명명하는 무기력inertie(타성)의 명령 사이에서 분열된다. 문제는 무한정한 수동성의 형태로 지속하는 것이다. 아들들의 협약으로 이어지는 유효한 명령은 상업적 유통이 되며, 법에 상당하는 명령은 부동성l'immobile(현상 유지)을 조직하는 것이 된다.

아들의 변증법을 이루는 세 번째 항은 입문의례가 작용

4_ '죽음충동'이란 프로이트가 제시한 개념으로, 성적 만족과 생명의 본능적 차원과 결부되는 쾌락원칙에 반하여 고통과 자기 파괴의 반복으로 향하는 강박적 충동이다. 여기에서 바디우의 논변은 프로이트의 저술 『문명 속의 불만』의 논의 맥락에 의지하는데, 프로이트에 따를 때 창설적인 혹은 정초적인 공격성(부친 살해와 결부된)이 모종의 양심과 자기 행위에 대한 가책에 따른 내향적 공격성(초자아와 법)으로 전환되어 문명의 탄생으로 이어지는 과정에서 죽음충동은 일종의 저해 요소가 된다. 이에 비추어볼 때, 바디우가 말하는 애초에 '아버지 없는 무리'의 공격성은 어떤 새로운 상징적인 것(문화, 문명, 법 등)의 창설로 이어질 수 없으며, 자본과 시장의 명령을 반복하는 죽음충동으로 귀결될 뿐이다. 한편으로 시가 문화와 관련이 있다는 점에서, 바로 앞 문장의 "운율에 따른 구획이 없다sans scansion"는 표현 역시 이와 결부시켜 생각해볼 수도 있겠다.

하는 장소다. 어떤 의미에서 법에 외부적인 이 입문의례는 내재적인 것이 된다. 실제로 입문의례는 더 이상 어떤 다른 형상으로 가는 통로를 가능케 하는 무엇이 아니다. 그것은 오히려 아들들이 정체停滯, stagnation로 들어가는 통합의 의식이다. 그것은 무기력의 집합적 수용을 초래하는 틀에 박힌 실천들의 집합이다. 이 입문의례는 여러분을 어른으로 만드는 의례와 달리 영원한 사춘기adolescence의 신화를 장려한다.

그 결과 아들과 어른의, 아들들과 부모들의, 아들과 아버지의 화해는 오로지 어른의 유아화infantilisation에 의해서만 이루어질 수 있다. 겉으로 보기에 화해는 실천 가능하지만, 단지 뒤집힌 방식으로 가능할 뿐이다. 원시 기독교 신화에는 아들의 승천이 있었다. 우리에게 제시되는 것은 아버지들의 하강descente을 경험하는 과정 이상이 아니다.

이 모든 이유로 프로이트의 이야기에 내포된 변증법적 도식은 붕괴되며, 이로부터 아들의 정체성 확인identification(동일시)에 관한 명료한 정립이 주어지지 않는다는 결과가 따른다. 이것은 동시대 세계에서 아들의 정체성identité의 불확실한aléatoire 성격이라 명명할 수 있을 무엇이다.

이 불확실성에는 어떤 합리성이 주어진다. 그것은 혐오스럽거나 설명할 수 없는 사건이 아니다. 그것은 우리 사회들의 합리적 변전devenir에 기입된다. 이는 개인을 시장의 [휘황한] 반짝임 앞에 머무는 자로 키우는 점진적으로 보편적인 훈육dressage의 귀결이다. 중대한 사회적 명령은 모든 실제적인 개인이 대상들의 유통에 의존한다는 사실에 주의하라는 것이다. 그러니까, 만일 개인에 대한 주체화가 있다면, 이는 상업적 대상들의 별자리constellation[5] 앞에 머무르며 그러한 대상들을 유통시킬 크고 작은 힘을 가지라고 부추기는 주체화여야 한다. 바로 그런 사실에서, 역량을 지닌 주체가 되는 것은 이 개인에게 점차 금지된다. 우리가 아는 것처럼, 아들은 이런 문제의 중심에 있으며, 실제로 시장의 중심은 청소년기adolescence(사춘기)에 있다. 청소년기는 상업적 경쟁에 복무하는 유기적 훈육의 시기이며, 시장 자체에 대한 입문의 시기이기도 하다. 이 연령대에서 그렇듯, 맹목적이며 불안정한 개인들에게 전적으로 대상들의 유통에 그리고 헛된 신호들과 이미지들의 소통에 종속된 주체 되기devenir-sujet가 부과된다.

5_ 보통 '성좌'나 '별자리'로 번역되는 이 단어는 무언가의 '배치'나 '배열'을 의미한다. 바로 앞에서 바디우가 상품들을 시장의 반짝임으로 표현한다는 점과 관련지어 읽을 수 있겠다.

그렇다면 내게는—이는 하나의 주장인데—이러한 입문의 례 없는 입문의례가 아들들에 관한 세 가지 가능성을 소묘 하는 듯 보인다. 나는 이 가능성들을 도착倒着된perverti 몸의 관점, 희생된sacrifié 몸의 관점, 그리고 능력 있는méritant 몸의 관점이라 부를 것이다.

도착된 몸의 관점부터 살펴보자. 관건은 자기 몸에 이 전의 변증법의 종말을 나타내는 상흔stigmate을 입히는 것 이다. 그래서 무無상징적이고a-symbolique 끝이 없으며 허무 한 입문의례에 빠져 즐거워해야만 하는데, 이로써 변증법 의 상실déshérence을 몸 위에 내비치는 것이다. 몸에 구멍 을 뚫고, 약을 하며, 격렬한 소음에 도취하며, 문신을 새기 는 방식으로 말이다. 이는 무주체적a-subjectif으로, 심지어 주 체화할 수 없게a-subjectivable 만드는 몸의 형상으로, 노출되 고 자국이 남겨진 몸은 불가능한 정체성의 흔적을 그 자체 에 붙잡아두려 한다. 이는 피상적으로 몇몇 전통 사회에서 실행되던 입문의례initiation(성인식)와 닮아 있다. 그러나 그 기능은 철저하게 배제되는데, 이것이 여자들은 아이를 낳 고 남자들은 전사가 되는 그런 것이 아니라 무한한 사춘기 adolescence의 부동성으로 들어가는 입문의례인 탓이다. 이런 유형의 선택으로부터 열리는 성적 태도sexualité를, 나는 어떠한 특정한 판단도 없이 묘사적인 방식으로 포르노그래피적pornographique이라 하겠다. 내가 언급하는 '포르노그래피pornographie'라는 단어는 무주체적인 성적 태도를 의미한다. 그것은 무기력의 반복에 빠진 몸에 표시를[문신을] 새기라는 명령에 의해 유지된다. 확실히 집단 강간이 이러한 포르노그래피의 한 모습이지만, 명백한 성적 결핍이나 이미지의 홍수에 직면하여 강제된 금욕도 마찬가지다. 어쨌든 모든 이념이 부재하는 것이다. 우리는 이념 없는 몸의 암울한 구축을 얻게 된다. 이러한 몸이 바로 내가 '도착된' 몸이라 명명하는 무엇이다. 여기에는 어떠한 '변태 성욕perversions'에 대한 암시도 전제되지 않으며, '도착된'이란 말은 오히려 그 몸이 주체의 저장소가 되어야 할 통상의 기능에서 이탈한다는 의미에 따른 것이다.

다른 측면에서 희생된 몸이 있다. 이는 절망적인 방식으로 전통으로의 회귀를 실행하는 몸이다. 그것은 마치 새로운 몸이 지탱할 수 있고 지탱해야만 하는 무언가에 대해 그러는 것처럼 덧없는 먼 옛날의 법에 호소하는 것이다. 우리는 정화 의식을 비롯한 방법으로 도착된 몸—극단적인 성적 경직성을 수반하는 무엇—에서 벗어나, 희생에 이를 정도로 법의 절대성을 수용해야 한다. 이것은 테러리스트와 같은 아들의 주체적 형상이다. 먼 옛날의 법, 곧 인식할 수 있는 가장 변치 않는immobile(움직이지 않는) 어떤 것을 향한 확고한 복귀의 조건들에서, 몸의 사용처는 아버지의 절대성을 위해 아들의 희생에 배치되어야 할 도착된 몸의 혐오에 의해 변화한다. 몸의 주체화는 [몸이 당하는] 고난martyre의 주체화다.

여기에는 극단적이지만 현실적인 두 가지 태도가 있다. 우리는 둘 사이에서 중간적인 훈육을 수용하게 되며, 이로써 스스로 보편적으로 거래될 자격을 갖춘qualifié 대상이 된다. 이는 또한 '경력을 쌓다faire carrière'라고 또는 사르코지 Sarkozy⁶가 말하는 것같이 '능력을 갖추다avoir du mérite'라고 말할 수도 있다. 이제 몸은 시장의 피상적인extérieures 법칙들에 가장 적합한 것으로 반영되는 운동 안에 자리할 것이다. 이 몸은 그 자체로 유일하게 수용될 수 있는 법칙이라고, 즉

6_ Nicolas Sarkozy, 2007~2012년까지 대통령을 역임한 프랑스 우파 정치인. 2014년에 불법 정치 자금을 받은 혐의로 프랑스 검찰에 기소되었으나 이후 과거 당수였던 우파 정당 UMP로 복귀하여 총선 승리를 이끌었다. 2016년에는 다시 한번 대선에 출마하려 했으나 당내 경선에서 경쟁자 피용에게 패배한다. 바디우는 2007년에 사르코지의 당선, 대의 정치의 선거제도, 극우파 페탱주의자들의 부상에 관해 비판하고, 사실이나 이론이 아니라 가설로서의 공산주의(공산주의적 가설)를 주창하는 『사르코지는 무엇의 이름인가De quoi Sarkozy est-il le nom?』라는 제목의 소책자를 내기도 했다.

마르크스가 오래전에 명명한 그대로 일반적 등가물[7]의 법칙이라고 인정될 조직된 유통circulation의 한 부분이 될 것이다. 능력 있는 몸은 가장 좋은 가격으로 시장에 진열된다. 이를 위해 이 몸은 [앞서 언급된] 두 가지 다른 몸의 조합된 위험에 대비해 쌓아올린 방책으로 보호되어야 하며, 근본적으로 이 두 가지 몸은 경찰들에 의해 감시된다.

여담을 하나 늘어놓자면, 2005년 가을에 프랑스 클리시Clichy에서[8] 그리고 2008년 그리스에서[9] 일어난 일을 볼 때, 공산주의 정당이 있던 시절에 회자되었던 것처럼, 주목받은 것은 분명히 '인민의 아들딸들'이다. 내가 단 한 가지 강조하고 싶은 것은 이 문제를 사회적 본질을 지닌 문제로 고려하는 방식이 잘못이라는 점이다. 사회적 본질이라는 말을 경

7_ 일반적 등가물l'équivalent général이란 어떠한 임의의 상품과도 바꿀 수 있는 것을 말하는데, 곧 '화폐'와 같은 것이다.

8_ 클리시수부아Clichy-sous-Bois, 2005년 가을에 파리 외곽도시들(방리유들) 중 하나인 클리시수부아에서 이민자 출신의 두 소년이 경찰을 피해 변전소에 숨어들었다가 감전사하는 사고가 있었고, 이를 기화로 이민자와 젊은이들이 주를 이룬 폭동이 발발하여 파리 근교 여러 지역으로 확산된다. 바디우가 말하는 2005년 클리시에서 일어난 일이란 이 사태를 지칭한다.

9_ 2008년에 그리스는 경제위기 상황에 빠졌다. 당시 정부의 무능과 부패에 분노한 그리스 인민은 가을부터 연일 집회와 시위에 나서게 된다. 12월에는 경찰의 발포로 15세 소년이 사망하는 사건이 있었고, 이로 인해 그리스 전역에서 그리스 청년들(700유로 세대로 명명된)이 들고일어나는 폭동 사태로 번지게 된다.

제로 귀착되는 것으로 이해하거나, 혹은 한층 해롭기로 소위 '방리유들banlieues'[10]이나 대학들에 더 많은 돈을 주입하는 방식으로 문제가 해결될 것이라고 생각한다면 말이다. 이는 동시대 사회의 상징에 관한 문제이며, 다시 말해 정치적 임상진단clinique politique이라 지칭될 수 있을 어떤 것에 속하는 문제다. 이 문제는 아들들이 중간적인 훈육에, 능력 있는 몸의 완벽하면서도 동시에 공평무사한sans intérêt 길에 [들어섬을] 승인받지 못할 때 어떻게 될지 아는 것이다. 모든 사람이 아는 것처럼, 능력을 갖추지 못한 몸은 어떤 대가를 치르더라도 격리시켜야만 할, 능력 있는 자의 적수로 다뤄진다. [또한] 이로부터 학문과 전문직의 아파르트헤이트apartheid(차별)의 문제와 함께 근본적으로 다른 몸들을 분리시키는 데 사용되는 경찰의 문제가 귀결된다.

실제로 경찰은 젊은이들과 특수한 관계에 있는데, 이 젊은이들은 대부분 부지런히 일하는 대중, 곧 노동자 대중 출신이자 부모가 보통 외국 출신자인 젊은이들로, 투사적인 몸으로 식별될 수도 없고 그러기를 바라지도 않는 젊은이들이다. 이들은 "우리 등 뒤에는 항상 경찰이 있다"고 말하는

10_ banlieue, 대도시 주변이나 외곽 지역을 의미하는 말.

데, 이것은 폭동insurrection의 핵심적인 동기이기도 하다. 불행히도 이것은 구조적이다. 능력 있는 몸의 보장된 장래가 강력하게 보호되는 장벽을 필요로 한다는 점을 고려한다면 말이다. 여기서 둘이 죽어나가고, 저기서 둘이 줄어들며, 도처에서 체포가 이루어지고, 젊은이들이 대규모로 감금된다. 그렇다면, 경찰에 맞서 그리고 거짓말의 사용을 비롯한 방식으로 이들을 떠받치는 국가에 맞서 저항하는 것이 정당하지 않겠는가? 언론이나 정치적 담화에서 비난하는 대상은 저항하는 자들이며, 경찰이나 국가가 아니다. [언론을 비롯한 국가의] 선전기관은 이 서글픈 죽음들[11]이 다루기 쉬운 아들들을 원한다면 치러야 할 대가라고 말한다. 아버지에 대한 복종이 아니라 돈과 그것의 '자유로운 유통'에 대한 복종에 따르게 하려면 말이다. 이것이 바로 우리에게 더 이상 어떠한 이념도 없을 때 이념 대신 들어서는 물신화된 민주주의의 내용이다.

본론으로 돌아가자. 세 가지 몸의 유형들은 내가 시작이 박탈된désinitié 아들이라 명명할 누군가의 공간인데, 그는 전수transmission와 교대relais와 장래devenir라는 의미에 따른 입

11_ 클리시 사태 때 희생된 두 소년을 지칭하는 것으로 보인다.

문의례에 회부될 기회를 얻지 못한 아들이다. 이 공간은 처음부터 끝까지 허무주의적이다. 비록 능력 있는 몸에서 관건은 이 허무주의를 감추고, 마치 [전문적인] 경력에 어떤 의미라도 있는 양 기만하는 것이기는 하지만 말이다. 경력이란 무의미의 대체물bouche-trou이다. 그런 것이 평온한 젊음의 기능이다. 분명하게 이해해야 할 것은 이 혼합적인 무리가 언제든 전쟁의 심연에 이르러서야 마침내 평온한 젊음의 허무함néant을 확인하게 되리라는 점이다. 어떤 전쟁이 될지는 알지 못하지만, 아들들의 정체성과 관련한 이러한 불확실한 aléatoire 상황은 결코 평화를 약속하지 않으며, 하물며 거기서 능력 있는 몸들의 완전한 공허함이 절정에 이르는 것도 아니다.

여기에서 전쟁의 문제는 매우 중요하다. 근대적인 시기, 즉 프랑스 혁명으로 시작된 시기에, 아들들의 입문의례에 관해 국가가 담당할 몫part은 병사의 형상이라는 표지 아래 형성되었다는 점을 이해해야 한다. 이런 것은 근래에 완전히 생소한 일이 되었다. 하지만 그것은 [지난] 2세기 동안 중요한 여건donnée이었다. 군복무는 입문의례에 준하는 단절 같은 그런 것이었다. 이 여건은 아들들을 불러 모으고, 그럼으로써 단번에 이들을 딸들과 구별하는 것이었다. 그것이 정체성에 필수적인 첫 단계였다. 다음으로 이 여건은 [젊은이들의] 공격성에 형식과 규율을 부여하고 그 유용성을 식별해냈다. 그것은 단순히 [공격성에 대한] 억압이 아니라 [형식과 규율의] 형성이었으며, 폭력의 권한을 구성했다. 마지막으로, 이 여건은 그 상징 아래 아버지로서의 장교와 아들로서의 병사를 화해시켰다. 이를테면, 그들은 국기le drapeau라는 그 채색된 초월성에 동시에 경례했던 것이다. 군복무는 내가 논의를 시작한 변증법적 배치에 기입되었다. 살인의 권한에 이르도록 끌어올려진 공격성의 규율 잡힌 보존, 억압적 상징과 완전한 복종, 그리고 '조국의 아들들'이라는 표지 아래 이루어진 적어도 외견상의 화해가 구성하는 배치 안에 말이다. 제도의 형식 아래—혐오스럽고 둔중하지만 어쨌든 기능하고 있는 모든 제도가 그렇듯—군복무는 시원적인 친자관계filiation [확인을 위한] 절차들의 세속화laïcisation를 제시했다. 아들은 직업과 가족을 뒤로하고 군복무에 나서야 했고, 그런 다음에야 한 사람의 어른이 되었다.

우리는 군복무 폐지의 귀결들을 잘못 받아들였다. 군사적 영광을 잃고 너무 많은 돈을 쓰지 않나 골몰하는 중간 규모의 군사력으로 격하된 제국주의 프랑스에서, 군복무 폐지는 확실히 불가피했다. 또한 이런 의미에서 상징적 평등은 더 이상 애국적인 죽음이나 그 표장emblèmes이 아니라 돈의 저속함으로 향하게 되었다. 그리고 실제로, 단 한 사람의 부르주아도 더 이상 장교로서 프랑스를 위해 죽어야 할 의무가 있다고 상상하지 않는다. 이런 의미에서, 상징적인 측면에서 더 이상 지도층은 없다. 그저 무책임한 소수의 지배 집단oligarchie만이 있을 뿐이다. 결국 군대는, 1914년 전쟁을 앞둔 시점에 조레스Jaurès[12]의 희망과 달리(오로지 시민으로 구성되어 방어 임무만을 담당하는 모든 상비군 제도와 반대로), 용병 집단에 다름 아니다. 마지막으로 군복무에, 그리고 설령 전쟁의 불명예 가운데서라도 군복무가 아들들의 장래라는 복잡한 문제에 관해 의미를 가졌던 모든 것에, 경의를 표하도록 하자.

이것은 국가의 입문의례가 완전하다는 의미인가? 그들은 우리로 하여금 학교가 평화로운 공적 입문의례를 위한 장치가 되었다고 믿게 하려 한다. 나는 이런 논지에 대해 전적으로 회의적이다. 최근에 학교는 그다지 군복무보다 낫다고 할 수 없다. [학교가] 모든 방면에서 본질적이라는 점을 인식

12_ Jean Jaurès, 프랑스의 정치가·사회주의자·반전주의자. 독일과의 전쟁을 막기 위해 독일과 프랑스에서 노동자들의 동시적인 파업을 일으키기도 했다. 광신적인 민족주의자에 의해 암살되었다.

할 때, 학교의 위기는 이제 막 시작되었을 뿐이다. 붕괴의 과정, 즉 사유화, 사회적 분리, 교육의 무력함은 가속화될 것이다. 왜? 더 이상 학교에 폭넓은 대중에게 공유되는 지식의 전달이나 심지어 유용한 노동자 직업교육이 기대되지 않기 때문이다. 학교에는 능력 있는 몸들을 선별하여 이들을 보호하는 기능이 요구되며, 이것은 [장차] 더욱더 학교의 기능으로 자리 잡게 될 것이다. 나는 학교가 군사 제도를 대체할 수 있다고 생각하지 않는다. 심지어 학교—줄곧 '능력mérite'을 선택하도록 정해져 있던—가 그 배경에 있어 군사 제도를 죽음의 위험 앞에 서는 평등이 실제로 구현되는 장소라고 상정하리라 생각하지도 않는다. 입문의례의 상징적 기능에 관해, 오늘날의 '민주주의' 국가는 어떠한 자원도 갖추고 있지 않다.

아마도 정체성의 불안정성에 처한 오늘날의 아들들은 국가에 영향을 미치는 어떤 심오한 과정의 징후symtôme일 것이다. 우리는 확실히 우리 아들들에게서 마르크스의 막연하게 포기된 예상의 결과를 읽을 수 있다. 국가 소멸이라는 예상의 결과를 말이다. 마르크스는 공산주의의 표지 아래 이에 관한 혁명적인 형태를 제시했는데, 이것은 평등과 다면성을 지닌 보편적 지식이라는 요소로 아들들의 변증법을 완전히 회복시켰다. 오늘날 우리는 이 소멸의 반동적이며 일그러진 형태를 대하는 것인가? '민주주의' 국가는 어쨌든 상징적 역량에서 심한 타격을 입는다. 어쩌면 우리 아들들은 전략적 선택에 있어 어느 때보다 더 국가 소멸의 두 가지 대립적 형태에 직면한 것일지도 모른다. 공산주의냐 야만이냐의 선택에 말이다.

그렇다면 어떻게 아들들의 징후 너머에서 새로운 상징적 정세를 긍정적인affirmative(단언적인) 방식으로 상상할 수 있을 것인가? 어떻게 우리는 이 문제의 종말론적 미래를, 전면적이면서도 완전히 상징 없는a-symbolique 전쟁이라는 미래를 피할 수 있을 것인가?

언제나 사유와 실존의 방향 상실의 시기에 그렇듯, 우리는 새로운 진리들로 지속되는 무언가에 의지할 것이다. 혹은, 내 용어로 하자면, 어떤 사건에 의해 승인된 유적인 절차들procédures génériques**13**에 말이다.

확신하기로, 예컨대, 도착된 몸으로부터 혹은 이념 없는 몸

13_ 유적인 절차들. 바디우는 복수의 진리들, 곧 네 가지 진리 절차가 있다고 말한다(정치, 과학, 예술, 사랑). 여기서 '유적인générique'이라는 말은 종espèces, species 개념보다 상위의 유genre, genera 개념을 지칭하는 것이고, '절차'라는 말은 종래의 철학이 말하는 것처럼 진리가 영속적으로 고정된 무엇이 아니라 일종의 과정과 같이 유동적인 것임을 의미한다.

으로부터 거리를 둘 수 있는 것은, 랭보가 말했던 것처럼, 아마도 재발명된 사랑일 것이다. 오직 사랑—곧 살아 있는 둘의 사유—에 대한 경험만이 아들의 몸을 도착된 몸의 포르노그래피적 고독에서 감산해낼 수 있을[14] 것이기 때문이다.

희생된 몸을 끝장내기 위해서는 정치적인 삶을 향해 돌아서야만 한다. 상업적인 재현과 자살적인 사춘기적 타성이라는 법칙에 맞서 공정한désintéressée 규율을 수용할 수 있는 확고한 형상을 제시할 수 있을, 그러한 정치적인 삶을 향해서 말이다. 이는 권력을 우회해야 하는 정치인데, 그 이유는 국가에 더 이상 아들들의 입문의례를 수용할 상징적 수단이 없기 때문이다. 가망 없는 대체물일 뿐인 종교의 영향력이나 더 이상 쓸모없는 상징들로의 회귀에 반하여, 우리는 조직된 집합적 행동 가운데 어떤 소멸하지 않을 규율을 제시할 것인데, 이는 그 자체에서 집합적 행동을 토대 짓는 사유를 발견한다. 우리는 결집된 투사들의 열정을, 모든 곳에서 온 주체들의 있을 법하지 않은 결합체를, 할 일 없이 빈둥거리는 무리에, 또 헛되고 우울한 순교자에 맞세울 것이다.

14_ 원문은 'peut soustraire'이며 '빼낼 수 있을'이라고 읽어도 된다.

능력 있는 몸—학문과 지식을 이용하여 [직업] 경력에서 더 나은 곳에 위치하려 하는 몸—에 맞서기 위해, 주체가 의지할 방책은 진정한 지성적 발명의 값없음gratuité(근거 없음)에, 과학과 예술의 값없는gratuites(터무니없는) 기쁨에, 돈과 관련된 기술의 우주에 맞서는 이념의 불복종에 있다.

자신이 징후인 동시에 당사자가 되는 이런 조건들 아래, 아들은 그가 [장래에] 되어야 할 아버지를 향해 한 걸음 더 내디딜 수 있게 된다. 이전의 어떠한 아버지의 특성과도 다른 아버지를 향해서 말이다.

내가 보기에—결정적으로 다시 읽어야 할—랭보의 작품은 이미 사랑과 정치와 예술-과학의 삼중항 같은 무엇을 내다보았으며, 거기에는 어떤 다른 친자관계의 미래가 펼쳐진다. 옛적부터 내려온 법으로의 회귀가 아니며 따라서 희생된 몸을 피하게 될 그러한 친자관계 말이다.

랭보는 도착된 몸을 선취했고 이를 실행했으며 "모든 감각의 타락"이라 명명했던 바 있다. "나는 고난 가운데 노래하는 종족에 속한다"고 쓸 때, 그는 자신이 '종족' 또는 '그리스도'라 명명했던 희생된 몸을 실행했다. 그런 다음 능력 있는 몸을 체념적으로 받아들여 공상과 시를 버리고, 상인이자 밀매업자가 되어 자기 어머니에게 돈을 돌려준다. "스스로 마술사나 현자15라 불리며 모든 도덕에서 면제되어 있는 나 자신, 찾아야 할 의무와 받아들여야 할 고달픈 현실을 떠안고, 나는 땅으로 되돌려진다." 아연실색케 할 랭보의 이력histoire은 근대적인 아들의 이야기histoire를 전속력으로 지나가는 여정이다. 그는 근대적인 표현 방식을 사용하여 새로운 의미로 이렇게 말할 수 있었다. "아버지, 아버지, 왜 나를 버리셨나요?" 우리가 아는 그대로, 복음서Évangile16에서, 이는 고난과 죽음 그리고 최종적으로 승천[으로 이어지는 과정]의 전날 밤에 완전히 버려짐déréliction의 시험이 있는 순간이다. 그리고 분명히 이 완전히 버려짐이란 오늘날을 사는 아들들의 십자가다.

하지만, 상업으로 가는 최종 선택에도 불구하고, 랭보는 아들과 관련한 어떤 다른 전망이 가능함을 알았다. 하나의 다른 입문의례, 주체화될 수 있는 어떤 다른 몸이 가능하며, 도착과 고난과 순응으로 이루어진 몸의 삼중항이 아니라, 어떤 다른 삼중항으로 벗어날 수 있음을 말이다. 그는 내가 앞서 언급한 바 있는 「정령Génie」이라는 시에서 이에 관

15_ 1장에서 인용된 해당 시구에는 '현자sage'가 아니라 '천사ange'로 쓰여 있다.
16_ 신약성서, 특히 예수의 어록과 행적을 기록한 4복음서를 지칭하는 말이다.

해 이야기한다. 이 텍스트는 랭보의 영혼에서, 다른 것들 중에서도 특히, 아들의 몸의 새로운 형상이 어떤 계승 또는 가능한 구원에 이르게 될 이행을 유발하는 기쁨에 대해 호명한다. 그는 이렇게 쓴다. "그의 몸, 꿈꾸던 벗어남, 새로운 폭력으로 표시된 은혜의 파괴." 이는 아들들의 새로운 입문의 례를 위해 [진행하는] 우리의 공통적인 논의의 준칙이 될 수 있다.

나는 끊임없이 이를 되풀이한다. 오래전부터 철학자의 역할은 젊은이들을 타락시키는corrompre 것이다. 이 역할은 오늘날 전적으로 특수한 의미를 얻는다. 바로 세 가지 몸의 유형론에서 감산된soustraite[17] 아들의 문제가 진리들로 되돌아가도록 돕는다는 의미 말이다. 능력 있는 몸이 아버지나 어머니에게 최소한의 악이라는 것, 철학자는 이를 체념적으로 받아들일 수 없다. 그렇다, 사랑이나 과학이나 정치에 은혜가, 즉 그[젊은이]에게 부재하는 이념을 주는 무엇이 있다. 바로 거기에 파괴가 주어질 수 있다. 상품과 자본에 고정되어, 자기에게 내재하는 주체가 될 역량에서 분리된 개인 안에, 이 은혜로부터 생산된 파괴가 주어질 수 있는 것이다. 파괴

17_ '빠져나온' 또는 '벗어난'이라는 의미다.

는 이 주체[의 역량을] 개인에게 되돌려준다. 그리고 또한, 경찰 폭력의 지배와 끊임없는 전쟁일 따름인 '인간의 권리'라는 반동적 신화와 모든 폭력의 종언이 아니라, "새로운 폭력"이 주어질 것이다. 곧 아들들이 참된 아버지들의 기쁨을 위해 그들이 창조하려 하는 새로운 세계를 단언하게 할 그러한 폭력 말이다.

아니다, 우리는 야만적인 경찰에 둘러싸인 도착된 몸과 희생된 몸을 구실로 능력 있는 몸의 무미건조한 유순함에 굴복하지 않을 것이다. 아들들의 몸이 라캉에 의해 '선의 봉사le service des biens'[18]라고 명명된 어떤 것에, 주체sujet가 자기 의무를 실행하는 것을 금지하는, 다시 말해 **주체**로 되는 것을 금지하는 봉사에 바쳐지도록 정해져 있다는 것은 진실이 아니다. 철학이 보편화하는 진리들의 국지적인 노고의 길에,

---

18_ 라캉 세미나 7권 『정신분석의 윤리』에서 제시된 개념. '선의 봉사service de biens'는 분석의 주체(또는 분석 대상자)가 자신의 욕망을 죽이고 어떤 법이나 윤리에 따라야 하는 것을 지칭한다(특히 자본주의와 시장의 법이 우선하는 세계에서 이는 '상품의 봉사service de biens'로 다시 말할 수도 있다). 예컨대, 사회나 가족이나 집안의 선(좋음)을 위해 자신의 욕망을 죽여야 한다는 것이다. 라캉은 이를 소포클레스의 오이디푸스 3부작 중 『안티고네』의 등장인물인 크레온과 안티고네 사이의 대립으로 설명하기도 한다. 크레온(테베의 왕)이 도시의 반역자로 선언한 오빠 폴리네이케스를 매장하지 말라고 명령하지만, 안티고네는 법 위의 법(가족을 매장해야 할 윤리적 의무)을 이야기하며 폴리네이케스의 시신을 매장한다. 여기에서 크레온의 명령을 '선의 봉사'와 관련지을 수 있고, 안티고네의 행위를 주체가 자기 욕망을 실행에 옮기는 실천과 관련지어 생각해볼 수 있다.

은혜와 파괴 그리고 새로운 폭력이 있을 것이다.

우리 딸들 그리고 우리 아들들 만세!

3장

동시대를 사는
소녀들의 장래에 관하여

이 문제로 들어가는 문턱에서 나는 망설여진다.

먼저, 소녀들filles에 대해, 어린 딸들jenes fill es[아가씨들] 또는 젊은 여자들jeunes femmes에 대해 이야기하는 것은 늙은 남자라면 그 자체로 매우 위험한 일이다. 이 위험한 길에서 내게 용기를 주는 것은 내 고명딸 클로드 아리안이다. 다음으로, 오늘날 소녀들의 '문제'가 있을 수 있는지 분명치 않다. 오래전, 곧 전통의 세계에서 소녀들의 문제는 단순했는데, 관건은 소녀가 결혼할지 말지 그리고 어떻게 결혼하게 될지에 관한 것이었다. 그녀가 어떻게 매력적인 처녀의 상태에서 억제된 어머니의 상태로 이행할 것인지에 관한 것 말이다. 둘 사이에는, 무엇보다 딸fille과 어머니mère 사이에는, 부정적이면서도 저주받은 그런 인물상이 있었다. 그것은 바로 미혼모fille-mère로, 곧 어머니이기에 더 이상 딸이 아니고, 결혼하지 않았기에 실제로 어머니가 아니며, 따라서 여전히 딸일 수밖에 없는 그런 인물상이다.

이러한 미혼모의 형상은 먼 옛날의 사회에서 중요하다. 이 형상은 또한 모든 19세기 소설의 기법l'art romanesque에서 중요하다. 이 형상이 앞서 우리에게 보여준 것은 모든 개념적 이중성이나 모든 장소들의 이중성에 직면할 때, 한 사람의 여자는 둘 사이entre-deux를, 장소 바깥의 장소를, 예컨대 딸도 어머니도 아닌 무엇을 구축할 수 있다는 점이다. 그녀는 조르주 바타유Georges Bataille가 "저주받은 부분part maudite"이라 명명했던 것의 장소를 점유할 수 있다. 미혼모가 한 가지 사례이고, 노처녀vieille fille가 또 다른 한 가지 사례다. 정의상 소녀는 어려야 한다. 그리고 따라서 노처녀는 장소 아닌 장소다. 이 전치된 장소place déplacé의 주제는 전적으로 고전적인 구조의 주제다. 어쨌든 이 주제가 위험과 위협에 처한 나를 이끌어줄 실마리로 쓰일 것이다.

동시대의 세계, 곧 고삐 풀린 자본주의, 상품과 임금 노동, 유통과 통신의 세계에서, 딸의 입장은 더 이상 완전히 결혼의 논리로 환원되지 않는다. 물론, 오래된 세계가 완전히 죽었다는 것은 가당치도 않다. 종교, 가족, 결혼, 모성, 부끄러움, 처녀성 자체는 세계의 여러 장소lieux에서 여전히 확고한 입장을 지닌다. 그러나 철학자가 관심을 보이는 사안은 있는 것보다는 일어나는 것이다. 그리고 딸들과 관련하여 일어나는 것은 더 이상 결혼으로 환원되지 않는다. 동시대의 서구세계에서, 딸은 결혼을 매개로, 따라서 남자를 매개로 '여자이자 어머니 됨devenir-femme-et-mère'에 예비되는 그러한 여성sexe féminin의 존재로 규정될 수 없다. 사실상, 19세기 말 이래, 모든 여성주의적 저항révolte은 단 하나의 문제로 귀착된다. 여자는 남자에게 의존하지 않고 실존할 수 있으며 그래야만 한다는 문제 말이다. 여자는 하나의 자율적 존재가 될 수 있고 그래야만 하며, 언제까지고 남성적 매개의 결과여서는 안 된다. 내가 재론할 강력한 양면성들ambiguïtés을 통해, 이 저항은 중요한 변화들로 이어졌는데, 이 변화들은 특히 딸fille(소녀)의 지위에 그리고 딸이 무엇인지 규정하는 정의에 상당한 영향을 미친다.

전통의 세계에서는 남성적 매개가 딸들[또는 소녀들]의 문제를 구성했다. 딸[또는 소녀]과 여자를 가르는 것은 다름 아니라 남자라는 의미에서 말이다. 아들[또는 소년]에게 문제는 완전히 다르다. 아들과 아버지를 가르는 것이 한 사람의 남편mari이 되는 것인 이상 실재적인 외부의 항이 아니기 때문이다. 아들과 아버지를 가르는 것은 상징적 질서의 통제다. 아들은 아버지를 계승해야 하며, 다시 그 자신이 영향력 pouvoir(능력)을 얻어야 한다. 그는 법Loi의 주인이 되어야 한다. 딸[또는 소녀]과 여자-어머니 사이에는 남자가, 즉 그녀가 자기 몸을 넘기는, 사람들이 말하는 것처럼 그녀가 주어지거나 소속되는 순수한 실재적 외부성이 있다. 반면 아들과 남자-아버지 사이에는 법이 있다.

전통적인 세계의 젊은 아가씨jeune fille는 남자의 이름에 맞춰 자기 이름을 바꾸고 'X 부인madame x'이 된다. 그런 이후에 그녀는 임금 노동과 거리를 둔 채로 집안을 관리하고, 무엇보다 먼저 어머니가 그리고 좀더 정확하게 말하자면 '가족의 어머니'가 된다. '노동, 가족, 조국'이라는 반동적인 삼요소에서, 노동자와 농부라는 상징적으로 남성적인 형태들은 노동을, 그에 못지않게 남성적인 [측면을 지닌] 병사는 조국을, 그리고 어머니가 된 딸은 가족을 상징화한다. 이 삼요소는 노동과 조국이라는 두 가지 남성적 범주를 포함하며, 이에 반해 가족이라는 단 하나의 여성적 범주를 포함한다.

전통의 세계에서는 여자들을 억누르는 이 '이대일deux contre un'의 상황을 흔히 보게 된다. 예컨대 60년대 초 결혼에 관한 프랑스의 법제를 살펴보자. 역사적으로 보면 50년이란 세월은 아무것도 아니다. 이 법이 말하는 바에 따르면, 남편이 가족의 거처를 선택하면 부인femme은 가족의 거처에 주거해야 할 의무가 있다. 그러나 [이 법에는] 남편 자신이 가족의 거처에 반드시 주거해야 한다는 이야기는 없다. 따라서 남편에게는 부인을 집에 가둬둘 권한이, 그리고 또한 [자신은] 부재할 수 있는 권한이 있는 것이다. 반면 부인은 집에 있어야 할 의무만이 있을 뿐이다. 남자에게 유리한 이대일, 실제로 그것이 전통적인 가족의 법이다.

그런데 가족이란 어떤 것인가? 이미 플라톤에게서 우리는 세 가지 중요한 사회적 기능이 있음을 안다. 그것은 생산하고, 재생산하며, 지키는 기능이다. 노동자는 생산하는 자이고, 가족은 재생산이 이루어지는 장소이며, 조국은 우리가 지키는 무엇이다. 생산과 보호 사이에서, 여자가 된 딸[소녀]이 모성적 산고에 유폐된 채로 재생산을 담보한다. 이대일, 줄곧 그랬던 것이다. 전통적인 여자는 노동자와 병사 사이에 낀 중간이다. 그녀는 자기 식탁과 잠자리에 노동하고 남편이 되어줄 성숙한 남자를 맞이한다. 그녀는 애국자답게 전투에서 죽은, 자기 아들 같은 젊은 남자를 위해 슬퍼한다. 딸[소녀]은 슬픔에 잠긴 어머니Mater dolorosa가 되어야 한다. 다시 한번, 이대일이다. 살아 있는 아버지는 여자의 몸을 소유하고, 죽은 아들은 그녀의 눈물을 소유하는 것이다.

하지만 이제 전통적인 사회는 느리지만 분명하게 죽어가는 중이다. 다가오는 세계, 곧 예비된 동시대적 세계에서, 딸[소녀]은 노동자나 농부나 엔지니어나 계산원이나 병사나 공화국의 대통령이 되겠다고 결심할 수 있다. 그녀는 혼외의 남자와 같이 살거나, 한 사람 혹은 여러 사람의 애인을 둘 수 있고, 그것도 아니라면 애인 없이 살 수도 있다. 그녀는 결혼한 후에 이혼하거나 사는 곳이나 사랑의 대상을 바꿀 수도 있다. 그녀는 혼자 살더라도, 전통에서는 중요하지만 잔인한 다른 배역을 맡을 필요도 없다. 바로 노처녀라는 배역이다. 그녀는 낙태할 수도 있다. '미혼모fille-mère'라는 저주받은 이름은 사라진다. 우리는 '싱글맘mère célibataire'이라고 말하기도 했지만, 이 말 자체도 무언가 한층 더 중립적인 말로 대체된다. '한 부모 가족famille monoparentale'으로 말이다. 그리고 심지어 한 부모 가족이란 어떠한 성인 여자femme도 없이 한 사람의 아버지와 아이들로 이루어질 수도 있다. 노처녀라는 부정적인 배역은 그 자체로 독립적인 여자를 표상하는 긍정적인 배역이 될 수도 있다.

그래, 그렇다. 나도 알고 있다. 이 모든 것에 대해 강력한 저항이 있고, 여러 지역에서 여전히 나아지지 않고 있으며,

심지어 우리 유럽의 민주주의 국가들에서도 어디에서든 받아들여지는 것은 아니다. 그러나 그런 일은 일어나며, 그런 것이 [장차] 다가올 무엇이다. 바로 거기에서 질문이, 우리의 전제된 질문이, 딸들에 관한 질문이 구성된다. 이 질문의 첫 번째 정식화는 이런 것일 수 있겠다. 만일 딸 혹은 젊은 아가씨가 실재le réel로서의 한 남자와 상징적인 것le symbolique으로서의 결혼에 의해 여자와 구별되지 않는다면, 과연 어떤 것이 그녀의 실존 원칙일 수 있을까? 그리고 내가 이 책 훨씬 앞부분에서 아들들이 그렇다고 했던 것처럼, 딸은 방향을 잃게 될 것인가?

아들들에 관한 나의 테제는 이런 것이었다. 말하자면, 우선적으로 군복무를 위시한 모든 입문의례 절차의 붕괴가 아들들에게 [지금] 그들의 있는 그대로의 존재가 아닌 다른 무엇이 되기 위한 어떠한 상징적 받침점도 없게 되는 결과로 이어졌다는 주장이다. 이념이 너무나 결여되어 있기에, 삶은 매일매일 이어지는 그 자체의 연속이 아닌 다른 무엇이 되지 못한다. 그래서 영원한 사춘기의 유혹에 직면한다. 또한 날마다 어른들의 삶에서, 특히 남성인 어른들의 삶에서 유아적 성격을 확인하게 되는 것이다. 상품 앞에 출두하는 주체는 새로운 장난감을 욕망하는 어린아이로 남아 있을 수밖에 없다. 사회나 선거의 규칙 앞에 출두하는 주체에 관해 이야기하자면, 그는 순종적이면서도 결실을 맺지 못하는 stérile 어린 학생écolier(풋내기)으로 남아야만 한다. 어떻게든 반에서 1등이 되어야 하며, 어디서든 그에 관한 이야기가 회자되는 그런 학생으로 말이다.

그런데 딸들은 어떠한가? 딸들 또한 딸 되기l'être-fille와 여자 되기l'être-femme 사이의 비非분리에 넘겨진다고 말할 수 있을지도 모르겠다. 남자와의 결혼이 실재적으로나 상징적으로나 더 이상 분리의 역할을 담당하지 않으니 말이다. 내 가설은 [그런 것과] 다른데, 여기에 이런 가설을 제시한다. 아들에게 있어, 전통적 입문의례의 종말은 유년기의 정체停滯, stagnation를 수반하며, 우리는 이를 이념 없는 삶이라 명명할 수 있다. 딸들에게 있어, 딸과 여자 사이를, 어린-딸[소녀] jeune-fille과 여자-어머니femme-mère를 가르는 외부적 분리(남자와의 결혼)의 부재에 수반되는 것은 조숙하다고prématurée 말하게 될 여성성의 내재적 구축이다. 혹은 달리 말해서, 아들은 결국 그 자신 안에 어른 되기를 억류하게 될 위험에 노출된다. 딸은 옛적부터 그녀 자신이 능동적으로 되어야만 할 어른-여자adulte-femme 되기에 노출된다. 혹은 달리 말해서, 아들에게는 어떠한 선행先行, anticipation도 없으며, 따라서 정체停滯의 불안도 없다. 딸에게는 사춘기나 또 유년기 자체를 먹어치우는 성인기의 소급작용rétroaction이 있다. 이에 따라 조숙prématuration의 불안이 있는 것이다.

현대 사회에서 대다수의 딸을 생각해보자. 이들은 [성인] 여자들과 다르지 않고, 어린 여자들이며, 그걸로 끝이다. 이들은 [성인] 여자들같이 옷을 입고 화장을 하며, [성인] 여자들과 같은 방식으로 이야기하며 모든 것을 알고 있다. 이 어린 여자들을 위한 여성 잡지들에서 [다뤄지는] 주제는 다른 모든 잡지에서 다뤄지는 주제와 정확히 일치한다. 옷, 몸단장, 쇼핑, 헤어스타일, 남자들에 관해 알아야 할 지식, 별점, 직업 그리고 성생활 같은 주제 말이다.

이 조건들에서 발생하는 것은 누구의 요구도 없이 너무 일찍prématurément(조숙하게) 어른처럼 되어버린 일종의 소녀-여자fille-femme[딸-부인]다. 이것은 처녀성virginité이라는 상징의 전적인 효력 상실의 원인이다. 처녀성이라는 상징은 전통적인 사회에서 근본적인 것이다. 이 상징이 명명하는 것은 소녀[딸]의 몸이 아직 남성이라는 성적 매개를 만나지 않았으며, 따라서 그녀가 아직 여자가 아님을 증명하는 무엇이다. 소녀가 처녀라는 것, 그것은 상징적으로 중요한 것이었다. 오늘날의 사회에서 이 상징은 제거된다. 왜? 경험적으로는 처녀라 하더라도, 오늘날의 어린 소녀들[딸들]은 이미 여자이기 때문이다. 그녀는 자기 스스로 앞으로 되어야 할 여자에서 소급되는 행동을 지지하는데, 그것은 단지 그녀가 이미 여자인 까닭이며, 거기에서 남자는 그리 중요한 무엇이 아니다. 또 어린 딸[소녀]의 시詩적인 형상은 여러 멋들어진 영국 소설을 빛나게 하지만, 이제 더 이상 어떠한 타당성도 갖지 않는다는 점을 언급하도록 하자. 오늘날 딸[소녀]들을 위한 여러 잡지는 그들에게 신사들과 즐기면서도 위험에 빠지지 않는 방법이나 선망의 눈길을 받기 위해 옷 입는 방법을 가르치며, [과거의] 시적 감흥poésie 같은 것은 청산해버렸다. 이런 잡지들은 잘못이 없다. 이 잡지들은 이미 현대 여성 femme contemporaine이 되어버린 모든 소녀에게 호소할 따름이며, 현대 여성에 대한 [이 잡지들의] 냉소주의cynisme는——이렇게 말해도 된다면——무죄인 것이다.

그래서 딸들[소녀들]은 놀라운 재능을, 아이로서 또는 사춘기 청소년으로서 이들에게 요구되는 모든 것을 감당할 수 있다. 이제 이들 자신이 아이나 사춘기 청소년을 훌쩍 넘어선다는 점을 감안한다면 말이다. 아들들[소년들]이 언제까지고 미성숙하다면, 딸들은 줄곧 성숙하다. 예를 하나 들자면, 학업 성취를 꼽을 수 있겠다. 이 사안에 관해서라면 소녀들에게 유리한 쪽으로 진정한 심연이 벌어지는데, 특히 서민 계층에서 그렇다. 방리유 출신의 남자 청소년들이 학교에서 어찌할 수 없는 재앙을 겪는 데 반해, 이들의 누이들은 학업의 성취를 보일 뿐만 아니라, 부유한 구역에 사는 소녀들—유복하지만 나약한 남자애들보다 더 성숙하며 나은 성적을 거두는—보다 더 나은 성취를 보인다. 나는 종종 아랍인 출신의 가난한 젊은이들이 경찰에 의해 법정에 끌려나오는 경우를 목격하곤 했는데, 변호사나 심지어 판사가 이들의 누이인 경우도 있었다. 혹은, 이 아들들은 성적으로 비참한 상황에 처해 전염병에 걸려 있고, 이들을 치료할 의사가 누이나 종자매일 수도 있다. 사회적·상징적 성공이 관건인 모든 곳에서, 소녀-여자fille-femme는 이제 자신의 미숙함을 넘어서지 못하는 아들들[소년들]을 능가한다.

여담으로, 이는 사회적으로 비참한 환경이 결코 문제가 아님을 보여준다. 빈민가에서 소녀들은 소년들과 마찬가지로 좋지 않은 환경에 있으며 심지어 더 나쁜 처지에 있는데, 실제로 이들은 보통 집안일이나 더 어린 동생들을 돌보는 일을 도맡아야 한다. 부엌에 놓인 테이블 한 귀퉁이에 앉아 공부하면서도 소녀들은 우수한 성적을 거두는데, 요구되는 연습 문제들이 그저 애들 장난일 뿐임을 알기 때문이다. 결정적으로 [성인] 여자femme인 그들에게 말이다.

소녀들[딸들]은 그들이 태어난 억압적인 세계에서 빠져나가기 원한다고, 사람들은 말한다. 물론 그렇다! 하지만 문제는 소녀들에게 그럴 능력이 있다는 점이다. 그리고 그 이유는 오직 소녀들이 되고 싶어하는 자유로운 여성이 이미, 필수적이지만 그런 만큼이나 악착스럽고도 확실한 모든 능력을 갖춘 그녀들 안에 있기 때문이다. 소년들[아들들]은 자신이 무엇인지 알지 못하기에 [장차] 될 수 있는 무엇이 되지 못하는 데 반해, 소녀-여자는 자신이 이미 무엇인지 알며 여유 있게 그것이 될 수 있다.

이로부터 도출되는 결과는 [어린] 소녀들의 문제가, 아들들의 문제와는 달리, 더 이상 그 자체로 있는 것이 아니라 오로지 [성인] 여자들의 문제가 된다는 것이다. 소녀들이 너무 이르게prématurément 되어버린 이 여자, 그녀는 누구인가? 그 인물상figure은 무엇이란 말인가?

나는 여성성의 동시대적 형상들figures에 다가감으로써 현대 자본주의의 억압에 의해 성차화된sexué 실제의 기제mécanisme를 보이고자 한다. 실제로, 전통의 세계에서 그랬던 것처럼, 더 이상 실재적인 동시에 상징적인 방식의 직접 종속—즉 남편과 결혼—이나 남자-아버지의 관계를 통한 여자-어머니가 관건이 아니다. 관건은 모든 곳에서 "이념 없이 살라vis sans Idée"는 명령을 강조하는 것이다. 그러나 이 명령의 길은 아들들이나 딸들을 거기에 적응하도록 하는 길과 같지 않다. 남자 아이들에게서, 삶이 이념 없는 삶이나 또는 어리석은 삶이어도 좋다는 것, 즉 세계화된 자본주의에서 요구되는 주체성은 어른 되기devenir-adulte의 불가능성과 소비적이면서도 경쟁적인 영원한 사춘기adolescence로부터 도출된다. 그에 반해, 여자아이들 쪽에서 그러한 주체성은 소녀[딸]로 남아 있을 수 없는, 어린 소녀의 광채gloire 안에 있을 수 없는 불가능성으로부터, 그리고 사회적 장래에 대한 냉소주의를 유도하는 조숙한 여자 되기devenir-femme로부터 도출된다.

자본주의라는 괴물에 넘겨진 오늘날의 사회는 무엇을 바라는가? 이 사회는 두 가지를 바란다. 할 수 있다면 시장에 나온 상품들을 사는 것, 그리고 그럴 수 없다면 조용히 있는 것. 이 두 가지를 위해서는 결코 정의의 이념, 다른 미래의 이념, 터무니없는gratuite 생각 따위를 가져서는 안 된다. 그런데 모든 참된 사유는 값없는gratuite 것이다. 그리고 우리 세계에서는 오로지 값이 있는 것만이 셈해지기에, 어떠한 사유나 이념도 가져서는 안 된다. 이때 우리는 그저 "너에게 능력이 있으면 소비하고, 없으면 입 닥치고 사라져"라고 말하는 세계에 복종할 수 있을 뿐이다. 그러니까 완전히 방향을 잃고 반복적인 삶을 살 수 있을 따름이다. 이념의 나침반이 사라져버린 탓에 말이다.

전통 사회는 완전히 다른데, 확신을 부과하며 따라서 어떤 이념을 부과하기 때문이다. 그 억압은 이념 없이 살아야 한다는 것이 아니라, 어떤 불가피한 이념—일반적으로 종교적인—이 주어지는 것이다. 전통 사회의 명령은 "다른 어떤 이념도 아닌, 이 이념을 가지고 살라Vis avec cette Idée, et aucune autre"는 것이다. 반면 오늘날의 명령은, 되풀이해서 말하자면, "이념 없이 살라"는 것이다. 이것이 40년 동안 이데올로기들의 죽음이 회자된 이유다.

사실상, 전통적인 명령은 "네 아버지와 같은 남자가 되고, 네 어머니와 같은 여자가 되며, 결코 어떤 이념들도 바꾸지 말라"는 것이다. 반면 동시대의 명령은 오히려 "하찮은 욕망들로 가득하며 어떠한 이념도 없는, 너 자신으로서의 인간 동물animal humain이 되라"는 것이다. 그러나 이러한 개별 동물의 조련을 위한 길들은—어쨌든 오늘날에는—여성적 성에서 소녀[딸]인지 혹은 남성적 성에서 소년[아들]인지에 따라 같은 것들이 아니다.

아들이 이념 없이 살게 된다면 사유가 성숙해짐mûrissement 을 견뎌내지 못했던 탓이라 하겠다. 이에 반해 딸이 이념 없이 살게 된다면 너무 조속히 그리고 매개 없이 헛된 만큼이나 야심적인 성숙함maturité을 유지했던 탓이다. 소년[아들]은 남자Homme의 결핍으로 이념을 결여하며, 딸은 여자Femme의 과잉으로 이념을 결여한다.

상황을 약간 과장해보자. 이 조건들에서 세계는 어떻게 되리라 여겨지는가? 출세 지향적이며 교활한 여자들이 통솔하는 멍청한 사춘기 소년들의 무리가 될 것이다. 그렇다면 우리에게 제공된 불분명하고 폭력적인 세계에 완벽하게 어울리는 무엇을 얻게 될 것이다. 이를테면, 이념을 대신하여 그저 사물들만이 있을 것이라는 말이다.

그렇지만 어린 딸이 사라진 자리에 너무 이르게 부과되는 여성성의 형상들로 되돌아가자. 수천 년 전부터 남자들의 사회에 의해 구성된 그러한 여성성의 형상들의 순환 궤도는 네 개의 기둥으로 이루어지는데, 나는 이 기둥들을 각각 하녀의 형상la Domestique, 유혹하는 여인의 형상la Séductrice, 애인의 형상l'Amoureuse, 성녀의 형상la Sainte이라 명명할 것이다.

이 추상적인 동시에 풍요로운 구축에서, 놀라운 점은 하나의 고립된 항이 항들의 쌍만큼 유효한 단위가 되지 못한다는 것이다. 그 예는 차고 넘치며, 여자들에 관한 문학의 대부분에 양분을 공급해왔다. 남자가 썼든 여자가 썼든 상관없이 말이다. 거기에서 우리는 언제나 두 형상에 매여 이러지도 저러지도 못할 처지에 사로잡힌 여자를 보게 된다. 예컨대 하녀, 곧 가사를 돌보는 어머니mère au foyer는 유혹하는 여인—그 저속한 형태는 창녀인데—과 겹쳐져야만 사유될 수 있다. 그러므로 남자는 그저 엄마Maman와 창녀라는 이항적 도식으로 여자들과의 관계를 맺을 수 있을 뿐이라고 할 것이다. 그러나 유혹하는 여자의 위험은 그런 방식으로 애인의 정열과 짝지어질 수 있을 뿐이다. 이것이 셀 수 없이 많은 문학의 여성적 이중항들의 유래이며, 거기에서 모든 행동은 순수한 사랑과 불순한 사랑, 욕망과 사랑의 갈등 혹은 강력한 경쟁자인 나쁜 여자나 매춘부la femme de mauvaise vie와 맞세워진 숭고한 애인의 갈등을 보여준다. 하지만 애인은 그녀 자체로 숭고한 것sublime의 가장자리에 있으며, 그녀가 헌신하여 잊힌다면 그것은 또한 처녀성의 고양virginité ascendante이라 불릴 수 있을 무엇에 따라 신에게 빠져들기 위한 것일 수도 있다. 괴테가 아무 이유도 없이 방대한 분량의 『파우스트』를 "영원한 여성성이 우리를 높은 곳으로 이

끈다"라는 단언으로 끝내는 것이 아니다. 진실로, 하녀는 사실상 유혹하는 여인과 겹쳐질 수밖에 없는 여자이고, 유혹하는 여인은 오직 사랑의 기슭에 가닿는다는 점에서 힘을 가지며, 애인은 신비한 여인la mystique의 곁에서야 숭고함에 이를 뿐이다.

그러나 그때 역방향의 순환—출발점으로 돌아가는—이 배치된다. 숭고한 신비의 여인은 일상적인 어머니의 희생을 정당화하며, 이로써 여성적 형상들에 의해 운반되는 종교적이면서도 윤리적인 산문은 수월하게 신비한 것mystique에서 가정적인 것domestique으로 순환한다. 우리 세계에서 가장 중요한 여자의 형상은 분명히 동정녀 마리아Vierge Marie인데, 그녀는 신성에 준할 정도로 숭고한 동시에 어머니의 원형이며, 아기를 보살피는 자애로운 어머니일 뿐 아니라 처형당한 자의 슬픈 어머니Mater dolorosa이기도 하다.[1] 이러한 성녀의 숭고함에서 어머니의 하녀 상태domesticité로 돌아가는 복귀는 결국 [여성적] 형상들의 사각형을 원으로 바꾼다. 어떤 방식으로? 각각의 형상이 다른 형상에 대해 중심을 벗어난

1_ 여기에서 아기bébé와 처형당한 자supplicié는 둘 다 마리아의 아들인 예수를 지칭한다.

기이한excentrique 관계가 되는 그런 방식으로. 그러므로 '여자'는 이중성의 출현을 의미할 따름이라고 할 수 있을 것이다. 심지어 고결한 부인sainte épouse조차 어느 날 유혹하라는 요구를 받고 성관계를 받아들인다는 점에서 그럴 것이며, 이에 따라 그녀는 또한 매우 위험하며 언제까지고 위험하게 남아 있을 것이다. 그렇지 않고, 만일 그녀가 진솔하고도 충실하게 가정을 돌보는 부인일 뿐이었다면, 무슨 이유로 그녀를 가두거나 감추거나 시선으로부터 보호해야 하겠는가? 그러나 이 충실한 부인의 베일 아래 숨겨진 위험한 여자는 열정적으로 자기 생명을 바칠 애인을 남몰래 만나려 하는 누군가가 아닌가? 그리고 만일 이 애인이 사라진다면, 그녀는 어떤 봉쇄 수녀원 안에서 구원을 바라며 신에게 헌신하려 하지 않겠는가? 하지만 그렇다면 이것은 그녀가 이미 날마다 절대적으로 헌신하는 부인이었다는 점에 대한 숭고한 대체가 아닌가?

전통적인 재현représentation에서, 한 여자는 그녀가 다른 한 장소를 고수할 때에야 어떤 한 장소에 있을 수 있다. 따라서 여자는 두 장소 사이를 왕래하는 자다.

그러나 진실로, 둘의 힘은 훨씬 더 크다. 우리는 실제로 각각의 형상이 그 자체로 분열됨을 볼 수 있다.

가장 단순한 예는, 민속학자들ethnologues이 연구하는 소위 '원시적인' 사회나 또는 우리 자신의 역사의 원시 사회를 막론하고, 전통 사회에서 여자들을 주고받았던 유통circulation의 예다. 어쨌든 관건은 우등한 가축animal domestique supérieur으로 취급되는 여자다. 우리가 알기로, 어떤 특정한 집단들에서 남자는 중요한 대가에 맞춰야 여자를 얻을 수 있다. 예컨대 암소 두세 마리나 직물 두세 장 등과 같은 대가에 맞춰야만 한다는 것이다. 다른 집단들에서는 반대로, 남자는 여자에게 중요한 대가가 딸린 경우에만 그 여자와 결혼한다. 이것이 지참금dot 제도다. 이런 방향으로든 저런 방향으로든, 여자와 돈이 유통된다는 것은 어떻게 설명되는가? 지참금의 사례에서, 여자는 혼수와 돈을 가지고 한 가족에게서 다른 가족에게로 이동한다. 순수한 교환의 사례에서는, 여자가 한 가족에서 다른 가족에게로 이동하는 경우는 받아들이는 가족에서 증여하는 가족에게로 돈이 전해질 때로 한정된다. 첫 번째 방향에서, 여자는 값비싼 노동력과 번식력이다. 두 번째 방향에서, 여자는 물론 여전히 번식력이지만 [한편으로] 부양되어야 한다. 게다가 이로 인해 지참금 제도는 부유한 계층에서 다소간 암묵적인 의무 사항이었고 그렇게 유지되는데, 거기에서 여자는 자기를 드러내고, 우아함과 교양을 보여주며, 다른 어느 여자의 옷에도 뒤지지 않을 옷을 입고 피로연에 참석해야 한다. 그런 제도는 돈이 많이 든다. 반면 아프리카의 농촌에 사는 여자는 아이들을 낳을 뿐만 아니라 들에 나가 열심히 일하기도 한다. 이런 것은 돈이 적게 든다. 여자의 획득이 노동력의 의미에 따른 가축과 반려자이자 장식의 의미에 따른 가축 사이에 유보된다고 해보자. 밭 가는 데 쓰는 소 같은 여자들이 있고, 페르시아고양이 같은 여자들이 있는 것이다. 심지어 동시에 둘 다 되려고 하는 여자들도 많다.

여성성에서 가장 대상적이고, 가장 기본적이며, 가장 직접적으로 유순한 형상—[가사를 책임지는] 하녀의 형상—의 외양적 단순성은 두 상반되는 가능성에 의해 이미 내부로부터 침식된다.

[여성성의] 다른 세 형상에 대해서도 사정이 같다는 것을 쉽게 보일 수 있을 것이다. 예컨대 이런 방식으로 신비한 [성녀의] 형상은 낮아짐, 굴욕, 겸양의 운동과 영광스런 승천의 운동이라는 서로 대조적인 압력에 따른다. 그래서 신비한 형상의 이미지는 일종의 혐오스런 비천함의 이미지이자 투명한 빛의 이미지이기도 하다. 수녀La Religieuse는 고전적인 포르노그래피의 등장인물인 동시에 아빌라의 테레사Thérèse d'Avila[2]와 함께 시적인 황홀경의 빛 안에 있다.

우리는 거기에서 단지 재현들만이 관건이라 말할 것이다. 그 모든 것은 즉시 환상적이며 남성적인 유래를 갖는다고 말할 것이다. 그것은 이 재현들의 명백한 내용에 관하여 부정확하지 않다. 그러나 나는 거기에 여자란 무엇인가에 관한 심오한 추상적 관념이 있다고 주장할 것이다. 물론, 우리는 인간학적 형상들의 특수성에 매달리지 않을 것이다. 그러나 우리는 둘의, 둘 사이로 지나감passer-entre-deux의 논리를 여성성을 정의하는 것으로 받아들일 것이다. 이 여성성은 전통적인 남성의 입장을 특징짓는 일자Un의, 유일한 힘의 강력한 단언과 대립한다. 남성적 논리는 실제로 **아버지의 이름**Nom du Père[3]이라는 절대적인 단일성unité으로 요약된다. 더구나 이 절대적인 단일성의 상징은 주요 일신교들의 신의 절대적인—그리고 절대적으로 남성적인—단일성에서 명백하게 유지된다. 그런데, 여자가 머무는 형상적인 둘-사이entre-deux에서, 비판적인 측면에서, 문제는 이 일자에 관한 것이다.

우리는 당연히 왜 여성이 남성적 하나Un의 둘Deux인지 묻

2_ 스페인 카스티야 지역 아빌라 출신의 기독교 신비가. 수녀원 개혁운동으로 명망을 얻은 로마 가톨릭의 성인.
3_ '아버지의 이름은 라캉의 개념이며, 상징계의 토대를 만드는 고정점으로 기능한다.

는다. 프랑스에서 사회보장 코드le code de la Sécuritésociale가 남성은 숫자 1로, 여성은 숫자 2로 지시한다는 점이 조롱거리로 상기될 수 있겠다. 내 대답은 이 1과 2가 그저 평범한 서수의 값valeur ordinale을 지닐 뿐이라는 것이다. 즉, 남성은 첫 번째 성sexe이며, 여성은 부차적인, 시몬 드 보부아르Simone de Beauvoir가 이름 붙인 "두 번째 성"인 것이다. 내가 말하는 하나와 둘은 기수의 값valeur cardinale을 지니며, 이것은 위계가 아니라 내부적 구조와 관련된다. 나는 그래서 하나와 둘을 변증화dialectise하는 형식론이 성차화sexuation를 사유하는 데 적합하다는 점을 보이려 할 것이다. 혹은 좀더 정확히 말해서—그리고 이것이 우리가 달성할 모든 문제인데—이 형식론이 적합했다는 점을 보이려 할 것이다.

물론, 일자의 닫힘에 맞세워진 이러한 여성적 이중성으로부터 여자들의 이중성에 대한 고전적인 여성혐오가 연역되지는 않을 것이다. 그러나 여자Femme는 하나의 입장보다는 하나의 과정을 지칭한다는 점이 인정될 것이며, 이것은 중요한 논점이다. [그런데] 어떤 과정인가? 정확히 어떤 지나감passe(통과)의 과정이다. 여러 시인이 그리고 특히 보들레르Baudelaire가 봤던 것처럼, 여자는 무엇보다 그리고 언제나 지나가는 사람une passante이다. "아 내가 사랑했던 너, 아 그걸

알았던 너.”

　좀더 거칠게 말하자면, 여자는 일자를 실패하게 하는 무엇, 장소가 아니라 행위인 무엇이다. 나는 기꺼이 여기에서, [하지만] 라캉과는 약간 다르게, 성차화의 정식을 움직이는 것이 전체Tout에 대한 부정적 관계, 곧 비전체pas-Tout가 아니라고 주장할 것이다. 일자가 없는 이상, 바로 일자에 대한 관계가 그러하다고[성차화의 정식을 움직인다고] 말이다. 신이 없으며 따라서 아버지의 이름이라는 일자 또한 없다고 확신할 경우에만, 이 모든 것은 제대로 이해된다. 여자는 모든 일자의 존재를 구성하는 이 ‘존재하지 않음ne-pas-être’의 과정이다. 이것이 바로 때때로—특히 사랑에 대한 낭만적 형이상학에서—여자가 신성하다divine고 믿게 하는 무엇이다. 실제로는 완전히 반대로 우리는 거의 언제나 이를 은폐하려 한다. 여자는 언제나 그녀 자체로 신이 실존하지 않는다는, 신이 실존할 필요가 없다는 땅 위의 증거다. 여자를 바라보는 것만으로도, 바라봄이라 불리는 무엇만으로도 즉각 신 없이도 잘 지낼 수 있다고 확신하기에 충분하다. 이런 이유로 전통 사회들에서는 여자들을 숨긴다. 이 문제는 저속한 성적 질투보다 훨씬 더 심각하다. 전통은 어떻든 간에 신이 살아 있도록 유지하려면 절대로 여자들을 보이지 않게 해야 함을 알고 있다.

일자의 비존재를 단언하는 이 무신론적 과정을 지탱하려면, 여자는 일자를 이용하는 모든 것에게서 그것을 비非단일화하는désunifie 어떤 다른 항이 끊임없이 돌발하도록 해야 한다. 이때 우리는 둘 사이를 지난다. 그것은 여자가 둘 또는 이중성을 지닌 것duplice이기 때문이 아니다. 오히려, 여자를 어떤 장소에 배치하려고 할 때, 둘이 여성적 힘에 의해 일깨워질 수 있는 이 장소와 그것의 이중성double, 곧 그것의 이중항doublet으로 이루어진 '둘 사이entre-deux'를 통해 장소의 하나를 넘어서는 수단이 되기 때문이다.

여자는 그러니까 모든 일자를 끌어내리고 동시에 그것의 비존재를 영광스럽게 단언하는 이중성의 창조다.

이런 의미에서, 여자는 '둘 사이'의 지나감passe의 방식으로 일자를 넘어섬outrepassement(능가함)이다. 그런 것이 여성성에 대한 내 사변적 정의다. 이 정의가 네 가지 형상—하녀, 유혹녀, 애인 그리고 성녀—으로 이루어진 전통적인 원환과 양립적임에 주목하자. 전통적인 억압은 단순히 둘의 힘을, 하나를 실패시키는 힘을 이 형상들의 닫힌 원환 안에 가두려 시도할 뿐이다. 전통은 둘의 힘에 대한 무화annulation가 아니다. 그것은 어쩌면 허상이 될 신념 안에 둘을 가둬넣어,

폐쇄된 순환이 이 힘을 소진시키게 하는 것일지도 모른다.

그래서 우리의 최초의 문제, 즉 오늘날의 세계를 살아가는 딸[소녀]들의 문제는 [이제] 훨씬 더 분명해진다. 우리는 이러한 여성성에 대한 잠정적인 정의에 비추어, 현대적인 조숙증이 어떤 효과들을 갖고 올 수 있으며, 소녀-여자를 [만들기] 위해 어린 딸jeune fille을 끝내버린 자본주의의 힘이 어떤 대가를 치르게 되는지 알아봐야 한다.

내 확신을 한마디로 이야기하자면, 매우 강력한 동시대적 압력이 두 가지 방향에서 여성의 형상에 가해지고 있다는 것이다. 첫 번째 방향은 모든 여자를 단일화unifier하려 하며, 두 번째 방향은 모성과 관련된다.

동시대 자본주의가 요구하고 결국 부과하게 되는 것은 여자들이 이 자본주의가 상징적 권력의 일자를 교체하길 바라는, 아버지의 이름Nom du Père의 합법적이며 종교적인 권력을 교체하길 바라는 새로운 형태의 일자를 그녀들 자신에게 부과하라는 것이다. 말하자면, 소비적이며 경쟁적인 개인주의의 일자를 말이다. 아들들, 그러니까 남자들에게는 이 개인주의로부터 약하고, 미숙하며, 유희적이고, 법을 결여할 뿐만 아니라, 심지어 강도질로 환원되는 형태가 제시된다. 딸-여자에게는 경쟁적이며 소비적인 개인주의로부터 단단하고,

성숙하며, 진지하고, 법적이며, 처벌하는 형태가 제시된다. 이것이 바로 모든 부르주아적이면서도 위압적인dominateur(지배적인) 페미니즘이 실존하는 이유다. 이러한 페미니즘의 요구는 절대로 어떤 다른 세상을 만들어내지 않는다. 오히려 있는 그대로의 세계를 여자들의 권력에 넘기려는 것이다. 이러한 페미니즘은 여자들이 판사, 장군, 은행가, 회사 대표, 국회의원, 장관 그리고 대통령이 되어야 한다고 요구한다. 그리고 이런 직위들에 있지 않은 여자들에게도, 즉 거의 모든 여자에게, 그런 것이 여자들의 평등과 이들의 사회적 영향력의 규범이어야 한다고 요구한다. 이러한 방향에서, 여자들은 승리하는 자본주의를 위한 예비군으로 간주된다.

그 즉시, 일자가 아닌 다른 무언가를 만들어내는, **둘과 둘의 통로**passe를 만들어내는 과정에 머물지 않고, 여자는 오히려 새로운 일자의 모델, 즉 경쟁적인 시장 앞에 왕성하고 무례하게 자리를 지키는, 그리고 하인인 동시에 조작자가 되는 그러한 모델이 된다. 오늘날의 여자는 새로운 **일자**의 표지, **아버지의 이름**이 무너진 폐허에 세워진 **일자**의 표지다.

그 결과, 세 가지 오래된 여성성의 형상인 위험한 유혹과 사랑의 선물과 숭고한 신비는 사라진다. 물론, 여성-일자femme-Un는 당연히 유혹적이다. 유혹은 경쟁에 있어 하나의 중요한 무기이기 때문이다. 은행가와 회사 대표 직위에 계속 머무는 여자들이 칭찬받는 것은 정확히 유혹하는 여자라는 의미에 따른 것이다. 하지만 이 유혹이 표상하는 악영향danger은 일자의 무기들 중 하나이며, 그것은 결코 이중성이나 위험péril이 아니다. 유혹은 권력에 복무한다. 그것은 이 유혹이 그저 약함과 소외가 될 뿐인, 사랑을 위한 포기와 함께할 수 없는 이유다. 여성-일자는 자유롭고, 그녀는 강경한 투쟁가battante다. 그리고 만일 그녀가 [연인과의] 커플을 토대 짓는다면 그녀는 공유된 이익에 관한 협약에 기초한다. 사랑은 계약의 실존적 형식이 되며, 그것은 다른 여러 사안 가운데 하나다. 그러니까 요컨대 여성-일자는 숭고한 신비를 필요로 하지 않는다. 그녀는 현실 제도들의 조작을 훨씬 선호할 것이다.

근본적으로, 이런 생각은 여자들이 그저 남자들이 할 수 있는 모든 일을 할 수 있을 뿐만 아니라, 자본주의의 조건들에서 남자들보다 더 잘할 수 있다는 것이다. 그녀들은 남자들보다 더 현실적이고, 더 악착같고, 더 집요할 것이다. 그런데 왜? 바로 딸들은 더 이상 그들이 [이미] 되어 있는 여자들이 될 필요가 없고, 이에 반해 아들들은 그들이 [아직] 되지 못한 남자들이 되는 방법을 모르기 때문이다. 그래서 개인주의의 **일자**는 남자들에게 그런 것보다 여자들에게 더 견고하다.

　약간은 공상과학 소설같이 이야기하자면, 어쩌면 남성이라는 성sexe masculin의 소멸을 예상할 수 있을지도 모른다. 이를 위해서는 수백만 명의 남자들의 정액을 얼리는 것만으로 충분하리라 보는데, 이는 수십억의 유전적 가능성을 나타낼 것이다. 이에 따라 번식reproduction(재생산)은 인공수정을 통해 보장된다. 그렇다면 모든 남성은 멸종될 수 있을 것이다. 그리고 꿀벌이나 개미들에게 그렇듯이, 인류는 모든 일을 훨씬 더 잘할 여자들만으로 이뤄질 것이며, [이때] 상징적 질서는 최소가 되고 오로지 현실적인 자본의 상황을 요구하는 질서가 될 뿐이다.

　결국, 자본주의가 요구하는 것은 일과 필요와 만족으로 이루어진 삶이다. 요컨대 동물의 삶이다. 그리고 동물의 삶이 원칙적으로 암컷들femelles을 필요로 한다는 것이 증명되며, 수컷들mâles은 거기에서 그저 번식을 위해 있을 뿐이다. 그런데 인류는 짝짓기accouplement(성관계)도 남자도 결여된 인공적 번식 방법을 완벽하게 제어한다. 그러니까, 인류의 전 역사에서 최초로, 남성이라는 성이 사라지는 일이 실제로 가능해진 것이다.

이런 관점은, 그 자체로 허구적이기는 하지만, 오늘날 인간 종의 번식reproduction(재생산)과 그 양상들과 그 상징성이 모든 것의 핵심 사안임을 밝힌다. 이것이 오늘날 여성성의 두 번째 문제다. 나는 유혹하는 여자의 형상과 사랑하는 여자의 형상과 성녀의 형상이 직접적으로 사라질 위기에 처해 있다고 말했다. 집에서 일하는 하녀라는 여자의 형상은 어떤가? 여기에서 문제는, 남자들이 하는 모든 것을 여자들이 할 수 있음을 인정하더라도, 당장 그 역逆은 참이 아니라는 것이다. 남자들이 절대로 할 수 없는 것이 하나 있다면, 그것은 신생아를 출산하는 일이다. 이런 관점에서, 여자는 자연히 남자에 대해서가 아니라 인간 종에 대해서 [봉사하는] 하녀로 남는다reste domestique.[4] 만일, 남자들처럼, 그러나 개인적 안락이라는 이유로, 그녀가 출산할reproduire 수 없다고, 모성의 능력이 없다고 선언한다면, 인간 종은 이제 그 소멸을 예상해야 할 따름이다. 이런 의미에서, 지금으로서는, 자본주의의 여성-일자조차 하녀로 남는다. 인류의 하녀로 말이다.

이것은 너무나 흔하게 모성과 번식reproduction(재생산)이

4_ '길들여진 채로 남는다'라고 옮길 수도 있다.

라는 단 하나의 주제를 둘러싸고 토론이 진행되는 이유다. 낙태, 영아 살해, 육아 부담, 성적 동의, 동성애자 커플, 대리모 등이 우리가 귀를 막는 소위 '사회적인de société' 문제들이다. 이는 또한 부르주아 페미니즘이 모성, 즉 오래된 가정적domestique 형상의 마지막 피난처에 대해 일종의 적대를 표명하는 이유이기도 하다. 이런 것은 예컨대 엘리자베트 바댕테르Élisabeth Badinter[5]의 글에서 보게 되는 무엇인데, 그녀는 우리가 '모성적 본능'이라는 관념을 끝장내야 하며 여자가 전적으로 완전하게 실존한다고 단언할 것을 요구한다. 비록 그녀에게 아이가 없으며 갖기를 바라지 않더라도 말이다. 이 입장은 동시대의 소녀-여자와 완전히 정합적이다. 만일 소녀가 이미 여자라면, 그 반대도 참일 것이기 때문이다. 즉, 모든 여자는 어떠한 모성적 욕망도 없는 소녀일 수도 있다. 그럴 가능성이 있다는 이야기는 전적으로 정당하다. 그러나 이것이 하나의 규칙이 될 수 없다는 점에 동의해야 한다. 왜냐하면, 하나의 규칙을 표명할 때, 칸트가 말하는 것

5_ 프랑스 출신의 작가이자 학자. 현재 프랑스 굴지의 광고 및 커뮤니케이션 기업 퓌블리시스 그룹의 대표이사. 에콜 폴리테크니크에서 강의하기도 했다. 2010년에는 프랑스에서 가장 영향력 있는 지식인으로 꼽히기도 했으며, 프랑스에서 가장 부유한 자산가들 중 한 명이다.

처럼, 언제나 그 규칙의 보편화의 귀결들을 검토해야 한다는 문제가 있기 때문이다. 그런데 모성의 거부에 대한 보편화는 단순히 인간 종의 소멸일 뿐이다. 물론 모든 사람이 결국 여자들이 인류의 하녀들로 남는 편을 선호할 것이라는 견해는 현실성이 적다. 이것은 창조적인 이중성의 방향에서 자본주의적 여성성의 일자를 다시 한번 분열시키며, 따라서 여성성의 일자에 매우 어려운 주체적 문제를 제기한다.

이 지점에서, 나는 이렇게 말하고 싶다. 동시대의 자본주의적 사회들이 결국 그 자체가 만들어낸 이 문제와 타협한다고. 정세에 대한 나의 견해는, 아직 매우 모호하기는 하지만, 전통적인 형상들의 종말을 수용하는 동시에 자본의 예비군으로 간주되는 여성-일자의 형상을 기각해야 한다는 것이다. 여자들은 [가정의] 하녀, 유혹하는 여자, 사랑하는 여자 그리고 성녀라는 네 가지 형상으로 구성된 상상적 imaginaire이면서도 상징적인symbolique 원환에서 빠져나가며, 대개 이미 빠져나가 있다. 그러나 그녀들 중 다수는 이 부정적 자유에 따라 자본에 속한 여성-일자의 모순적 운명을 결코 체념적으로 받아들이지 않는다. 여자들은 이 동시대적 형상이 추상적인 예속의 단일성을 위해 둘의 자원을 폐지함을 안다. 그녀들은 그런 이상 모성이 강한 상징화들에서 뿌리 뽑혀 환원 불가능한 하녀 상태domesticité로, 영광 없는 창조로 존속함을 안다. 그녀들은 남자들의 소멸이라는 심지어 공상적이기조차 한 지평이 그녀들을 언제까지고 그녀들 자신의 노예로 만들고, 그녀들의 잠재된 잔혹성을 폭발시키리라는 것을 내다본다. 완전히 중심에서 벗어난 출발점을 선택할 필요가 있다. 그리고 이 출발점에서 여성성은 최초로 그 자체의 규명됨éclaircie을 통해 철학의 몸짓에 연결되는 것을 피할 수 없게 된다. 왜냐하면 새로운 출발점은 생물학적일 수도 사회적일 수도 사법적일 수도 없기 때문이다. 이는 오로지 상징적 창조에만 연결되는 사유의 몸짓일 수 있다. 그러니까 철학의 모험에 연결되는 몸짓인 것이다. 그리고 새로움을 더할수록, 이러한 여성성의 상징적 창조는 모성을 번식적 동물성이 아닌 다른 차원에 포함시켜야 할 것이다.

상징적 창조의 영역이, 혹은 법Loi의 영역이, 더 이상 전적으로 아버지의 이름에 의존하지 않는다는 가설을 세워보자. 그럴 때 우리는 모든 선험성에서 벗어난 진리들에 대한 사유를 얻는다. 신은 실재로 죽었다. 그리고 신이 죽었기에, 남성적 닫힘의 절대적 일자는 더 이상 상징적이며 철학적인 사유의 전체적 구성을 지배할 수 없다. 이러한 사유의 성차화 sexuation는 불가피하다. 그래서 이러한 성차화는 신이 없는,

부성적 담보물이 없는 이 진리들의 실재적 영역들에서 어떤 방식으로 작동하는가? 출발점으로 삼아야 할 질문들은 이런 것이다. 구체적으로, 해방의 정치에 관여하는 여자란 무엇인가? 여성 예술가, 음악가, 화가, 시인이란 무엇인가? 수학이나 물리학에 뛰어난 재능을 가진 여자란 무엇인가? 모호한 신성이 아니라 사랑의 열정에 관한 사유와 행동에 공동 책임을 지는 여자란 무엇인가? 여성 철학자란 무엇인가? 그리고 역으로, 발명된 정치, 시, 음악, 영화, 수학 또는 사랑이란 무엇이며, '여자'라는 말이 상징들의 창조적인 평등이라는 힘에 따라 공명할 때, 철학이란 무엇인가?

이 문제들은 [아직] 진통 중에 있다. 여자들이 **전통**으로도 지배적인 **동시대성**으로도 말할 수 없는 거기 새로운 '둘 사이entre-deux'에서 애쓰고 있기 때문이다. 여자들은 이 둘 사이로 지나가며, 그들에게 존재한다고 제시된 **일자**를 좌절시킨다. 거기에서 그것은 어떤 전적으로 특수한 긴장이다. 실제로, 오늘날 여자들이 남자들보다 훨씬 더 경계해야 할 것은 자본으로부터, 해방을 대신해서, 그녀들에게 제시된 무엇이다. 여자들이 그녀들이 처한 경로passe에서 무엇을 발명하게 될지 나는 알지 못한다. 나는 그들을 절대적으로 신뢰한다. 내가 아무 이유 없이 확신하는 무엇이란 그녀들이 어떤 새로운 젊은 아가씨jeune fille를 발명하리라는 것이다. 이 젊은 아가씨는 새로운 여자가, 여자들이 지금은 아니지만 장차 되어야 할 여자가, 상징들의 창조와 같은 층위에 있고 모성 또한 이 창조 안에 수용할 그러한 여자가 되기로 하는 소녀[딸]일 것이다. 예컨대, 그러한 여자는 남자들을 오로지 번식reproduction(재생산)의—이제 보편적으로 상징화된—모든 효과와 연결되도록 결정할 것이다. 남자들과 여자들은 탄생과 이로부터 유래하는 모든 것의 새로운 보편적 상징화를 공유하게 될 것이다. 이 미지의, 그러나 도래하고 있는 소녀[딸]는 틀림없이 이미 언급한 모든 신의 빈 하늘을 앞둔 어느 곳에서 이렇게 말할 것이다.

아름다운 하늘이, 참된 하늘이 변해가는 나를 바라본다.[6]

6_ "Beau ciel, vrai ciel, regarde-moi qui change." 폴 발레리의 시 「해변의 묘지Le cimetière marin」에서 인용.

후기

이 책은 우선적으로 프랑스 및 외국(특히 벨기에와 그리스)의 고등학교나 교육기관 등 다양한 장소에서 젊은이들을 대상으로 한 강연이나, 또 나의 세미나를 계기로 실시된 강연들을 출발점으로 삼는다. 이 강연들 중 하나(두 번째 글)는 이미 『지그문트 프로이트, 전쟁의 인류학Sigmund Freud, Anthropologie de la guerre』(파야르Fayard, 우베르튀르 총서, 2010)에 실린 바 있다. 여기에서 나는 오늘날의 젊음과 철학 사이에서, 먼저 전반적으로 그리고 다음으로 소녀나 또는 소년에 따라, 참된 삶이 무엇인지에 관한 논의를 연다는 발상으로 이 개입들의 최종 형태를 제시한다.

철학자는 '젊은이들의 타락'을 호소한다

1

알랭 바디우는 오늘날 프랑스 현대 철학에서 가장 중요한 철학자 중 한 사람으로 평가되는 인물이다. 1988년에 '존재' '주체' '진리'라는 철학의 진부한 개념들을 다시 소환하여 그 개념들 간의 관계를 '사건'이라는 일시성을 통해 새롭게 정립함으로써, 동시대 철학을 완전히 새롭게 틀 짓는 작업으로 자리매김한 그의 첫 번째 대작 『존재와 사건L'Être et l'événement』이 출간된 이래, 그에 대한 이러한 평가는 날이 갈수록 정당성을 얻고 있다. 그런 이유로 바디우의 이름은 그의 철학에 관심 없는 사람이나 혹은 심지어 반감을 드러내는 사람이라 하더라도, 오늘날 프랑스 철학에 관한 이야기가 나오면 반드시 듣게 될 수밖에 없다. 그런데 이 책은 젊음에 관한 세 차례의 강의를 수록한 일종의 강의록이다. 한때 열렬한 마오주의 운동가였고, 오늘날에도 여전히 '공산주의의 이념' 혹은 그의 말로 '공산주의의 가설'에 충실한 지지자이자, 독특하고도 놀라운 시 및 연극 분석가이며, 다수의 희곡과 소설을 쓴 작가인 이 늙은 철학자가 오늘날의 젊은이들에게 들려주고 싶은 이야기는 과연 무엇일까.

2

너무나도 진부한 표현이지만, 청춘은 아름다운 시기다. 젊은 시절을 거친 사람이라면 누구나 봄날의 바람과 같은 경쾌함과 무엇을 하더라도 다 될 것만 같은 미래의 꿈과 희망으로 가득했던 그때를 추억하지 않을 사람은 없을 것이다. 그렇기에 많은 예술 작품이 젊음의 아름다움에 대해 이야기하고 젊은이의 몸을 미화해왔다. 하지만 이와 동시에, 젊음이란 예나 지금이나 참으로 난감한 시기이기도 하다. 특히 현대의 젊은이라면 안온하고도 풍족한 장래의 삶을 바라는 어른들의 기대에 맞춰, 그러한 미래를 위해서 현재의 아름다움을 담보 잡힌 채 감옥과 다름없는 공교육 체제에 꼼짝없이 갇혀 살아가야 하는 시기이기도 한 것이다. 그렇기에 타인의 욕망에 따라 자기 삶을 살아야 하는 젊은이들의 아름다움의 이면에는 언제나 젊은 시기의 끓어오르는 에너지나 희망으로 감춰진 미래에 대한 불안(특히 오늘날 우리 사회에서는 낙오의 불안), 또는 기성세대와 사회에 대한 끝 모를 분노와 반항이 있다. 그렇기에 젊음이란 미래를 위한 준비의 시기라 보는 관점에서 젊은이는 어른들의 미래 번영을 위해 훈육되어야 할 미숙한 존재들이며, 젊음을 언제라도 사회에 소요를 일으킬 수 있는 잠재적 불온 세력으로 보는 관점에서는 공권력의 통제를 받아야 하고 어른의 신중한 지도에 따라야 할 미숙한 존재들인 것이다.

하지만 철학은 다른 이야기를 한다. 일반적으로 철학에 덧씌워지는 편견과는 달리 철학은 젊은이에게 (사회 내에서의) 올바른 삶을 살기 위해 어떻게 행동해야 하는지를 가르치는 '윤리'와는 다르다. 오래전 고대 아테네에서 소크라테스라는 기이한 늙은이와 그의 제자 플라톤으로부터 시작된 이래, '지혜에 대한 사랑philosophia'은 그 가장 중심된 주제를 반복해왔으며, 그 주제란 다른 무엇도 아닌 '참된 것' 혹은 '진리'라는 범주였다. 그리고 이 진리라 지칭하는 것은 분명

기존의 사회가 취하는 방향과는 무언가 다른 방향이, 다른 세계가 가능함을 말하는 것이다. 기성세대와 상태(혹은 국가État)는 젊음을 미화하고 마치 숭배하는 듯한 태도를 취하지만, 실상에 있어 젊은이의 힘과 패기는 미래의 풍족함을 위한 재료로 간주될 뿐이다. 젊은이는 어른의 신중한 가르침을, 그리고 가문과 도시의 미래를 위한 기대에 따라 재산을 물려받고 공적인 삶의 경로를 밟아나가야 할 재목인 것이다. 이때 젊은이는 이중의 대상화에, 숭배의 대상이 되지만 그 이면에서는 착취의 대상이 되는 처지에 놓인다. 이러한 정황에서 다른 삶이 가능하다는 생각을 유포하는 일은 당연히 불온한 것으로, 젊은이를 타락시키는 행위로 판단될 수밖에 없다. 소크라테스가 사형을 선고받았던 죄목 중에 '젊은이의 타락'이라는 항목이 끼어 있음은 불 보듯 뻔한 일이다.[1]

놀랍게도 이런 일은 과거 고대 아테네에서나 오늘날 현대사회 어느 곳에서나 끊임없이 반복된다. 사회적 정황에 따라 모습을 달리할 수는 있겠지만, 어른의 신중하고 지혜로

1_ 이에 관해서는 최근에 출간된 책이 한 권 있는데 일독을 권한다. 정신분석학자 백상현 선생님이 저술한 『나는 악령의 목소리를 듣는다』(에디투스, 2018)는 최초의 철학자 소크라테스와 그의 제자 플라톤에 대한 일종의 케이스 스터디를 제공한다.

운 가르침과 젊은이의 반항이라는 테마는 되풀이되고 있으며, 우리는 그것을 '세대 갈등'이라고 부른다. 근대 이후 철학의 쇠락과 함께 등장한 과학 중심의 담론 형성이라는 조류에 따라, 사회를 과학적으로 바라봄으로써 사회 문제를 해결하겠다는 여러 사회과학적 담론의 대두와 더불어 젊음은 해결하지 않으면 안 될 모종의 문제로 전환된다. 그리고 이 문제의 원인을 분석하고 그 해결책을 제시하는 많은 이론이 생산된다. 이와 더불어 젊은이들의 개인적 고충을 감싸 안고 이들에게 일정 정도의 위로를 제공하는 온갖 종류의 힐링 담론들이 유행하기 시작한다.

그렇다면 철학자 알랭 바디우가 젊은이들에게 하려는 이야기의 목적은 무엇인가. 온갖 종류의 청춘 담론들에 한 가지 이야기를 더 추가하려는 것인가? 아마도 여기서 제1장 시작 부분에 나오는 '보충적인supplémentaire'이라는 수수께끼 같은 말의 의미가 설명될 수 있을 듯하다. '보충적'이라는 말에는 어느 정도 중의적인 의미가 있는데, 이 말은 일정한 어떤 것에 무엇인가를 더한다는 뜻도 있지만, 그것을 더함으로써 원래의 것의 성격을 완전히 바꿔버린다는 의미가 되기도 한다. 예를 들어 물 한 컵이 있다고 해보자. 물에 잉크를 더한다. 그러면 원래의 물이 가진 투명함은 사라지고 잉크

의 검은색이 더해진다.[2] 바디우가 사용하는 '보충적'이라는
말의 의미는 바로 이와 같다. 그는 젊은이를 문제 혹은 분석
대상으로, 혹은 위로를 필요로 하는 측은한 대상으로 보기
를 거부하고, 젊은이의 타락을 요청하는, 좀더 정확히 말해
서 젊은이들에게 어떤 대상이 되기를 거부하고 스스로 진리
의 '주체'가 되기를 요청하는 철학의 오랜 주제를 반복하고
있는 것이다.

3

이제 책에 수록된 강의의 내용을 간략히 이야기해보기로
하자.

오늘날 젊음의 의미와 그 위기에 대해 이야기하는 첫 번
째 강의에서, 바디우는 철학의 주제가 '참된 삶'이라고 말한
다. "참된 삶이란 무엇인가?"라는 질문은 철학이 오랫동안

2_ 이 비유는 오래전에 데리다와 지젝에 정통한 학자이신 민승기 선생님의 강의 중
에 들었던 이야기를 옮긴 것이다. 원래는 채워서 완전하게 한다는 의미의 '보완적
complémentaire'과 더해서 성격을 바꾼다는 의미의 '보충적'이라는 두 낱말을 구별하기
위해 고안된 예시다.

품어온 철학만의 독자적인 질문이다. "진정한[혹은 참된] 삶
이란 없다"는 시인 랭보의 비통한 토로에 반대하여, 바디우
는 참된 삶이란 결코 부재하는 것이 아니지만, 완전하게 실
존하는 것도 아니라고 이야기한다. 바디우 본인의 체계에 따
를 때, 이는 당연한 발언이다. 여기서 참된 삶이란 결국 진
리의 주체로 살아가는 삶을 말하는데, 바디우가 말하는 진
리는 기존의 진리 기준인 담론적 '정합성'에도 실재론적 '대
응'(혹은 일치)에도 경험주의적 '확인'에도 부합하지 않는 것
으로, 오직 기존 상태의 지식 체계의 관점에서 벗어난 사건
과 이를 선언하는 주체에서 시작되기에 온전한 '새로움'만을
특징으로 삼기 때문이다. 심지어 이러한 진리는 '정치' '예술'
'과학' '사랑'이라는 네 가지 유類적인 절차로 다수화되어 있
으며, 결코 만고불변의 진리로 고정되어 있지도 않은 과정적
인 것이다. 그러한 진리는 분명히 있었고, 지금도 있으며, 인
간이 살아가는 한 앞으로도 있을 것이다. 그러나 기존 상태
의 눈으로 볼 때 그런 불확실한 진리는 실존하지 않는다.[3]
이러한 진리와 결부된 삶을, 다시 말해 "결코 부재하지 않

3_ 바디우 철학에 관한 좀더 자세한 내용을 살펴보기 원한다면 제이슨 바커의 『알랭 바
디우 비판적 입문』(염인수 옮김, 이후, 2009)과 피터 홀워드의 『알랭 바디우: 진리를 향
한 주체』(박성훈 옮김, 길, 2016)라는 두 권의 입문서 겸 연구서가 번역되어 있다.

는, 그러나 완전히 실존하지도 않는" 삶을 향한 문턱에서 젊은이들에게는 두 가지 내부의 적이 있다. 그것은 '즉각적인 삶에 대한 열정' 혹은 삶을 불사르는 열정, 그리고 '성공에 대한 열정' 혹은 삶을 쌓아올리는 열정이다. 오래전부터 젊음이 빛나는 승리의 시기라는 판단과 가장 불확실한 고통의 시기라는 판단이 공존했던 이유는 바로 이러한 두 가지 모순적 평가가 있었기 때문이다.

현대의 젊은이들은 과거에 비해 상대적으로 한층 자유로운 입장에 서게 되는데, 어떤 정해진 입문의례가 사라져버렸고(바디우가 들고 있는 예시는 남자의 경우는 군복무, 여자의 경우는 결혼인데, 이는 프랑스 사회에 관한 얘기에 우리 사회와는 일정 부분 사정이 다른 측면이 있다), 과거 전통적인 농경 사회에서 이어졌던 노년 숭배가 사라졌기 때문이다. 하지만 이로부터 나타난 것은 청춘지상주의, 즉 젊은이들이 청춘에 종속되어 영원한 젊음을 추구하게 된 현상이다. 이에 따라 성인들의 유아화가 진행되는데, 전통이 사라진 오늘날 인류는 더 큰 장난감—예를 들어 더 큰 집이나 차—을, 더 많은 소비를 추구하는 탓이다. 자본주의에 의한 전통적 상징화의 붕괴는 청년 시기의 마르크스에 의해 서술된 바 있는데, 전통 사회는 사회적·주체적 차원에서 자본주의 혹은 "이기주의적 계산이라는 얼음물"에 빠져, 시장에서 금전으로 지탱되는 계약 관계 이외에 모든 유대와 위계를 상실하게 되었다. 그 귀결은 물론 상징화의 부재이며, 젊은이들은 자본 이외의 규칙이 사라진 현실에서 방향 상실에 빠질 수밖에 없다.

이러한 위기에 직면한 젊은이들에게 현실적으로 가능한 길은 두 가지다. 하나는 서구적 삶과 욕망으로 대변되는 민주주의(혹은 바디우의 다른 표현을 빌리면 자본과 의회가 제휴하는 과두정 형태의 자본-의회주의)이며, 다른 하나는 위계적 상징화를 지향하는 전통적 상징화로의 회귀로, 이는 근본주의적 종교(보수화된 기독교, 이슬람 중심주의, 혈통 중심의 유대교 등)와 연결된다. 언뜻 보기에, 이 두 가지 길은 서로 충돌하는 듯하지만, 서로 결탁하여 결국에는 파시즘적 지배자들과 서구 금융 자본가의 이익으로 귀결될 뿐이다.

바디우가 보기에 젊은이들이 직면한 이러한 모순은 거짓 모순일 뿐이다. 바디우는 이러한 거짓 모순이 아니라, 진정한 모순, 즉 서구 자본주의와 공산주의적 이념 사이의 모순으로 눈을 돌리라고 호소한다. 그리고 『아나바즈』라는 생존 페르스의 시에서 떠남 혹은 출발의 형상을 가져와 앞에서 제시된 젊은이들의 내적 모순과 연결시킨다. 순간의 불꽃에 몸을 내맡기는 열정이 아닌, '삶을 쌓아올리는 열정'은 '출발의 형상'과 연결될 때, 자본주의로 인한 상징화의 붕괴로 방향을 상실한 젊은이들에게 어떤 일정한 방향을 제공해줄 수 있다는 것이다. '새로운 세계의 건설'과 '기존의 세계에서 떠남'은 결코 모순되지 않는다. 그러므로 참된 삶은 기존 상태의 관점에서 전혀 새로운, 그러나 철학이 오래도록 반복해온 진리의 아나바시스에, 다시 말해 바다를 향해 거슬러 오름에 있다. 앞에서 이야기한 것처럼, 바디우에 따른 진리는 결코 결정되어 굳어진 것이 아니라, 과정적이며 새롭게 만들어지는 것이기에, "출발의 사유가, 움직이는 세계의 바다에 대한 참된 사유가, 정확하고도 방랑하는 사유가, 방랑하기에 정확한 사유가, 바다의 사유가 우선이기를" 말하는 바디우의 호소는 젊은이들에게 진리의 주체로 살아가기를 바라는 요청이기도 하다.

4

두 번째 강의는 남자 젊은이들 혹은 아들들의 장래에 관한 것이다. 바디우가 강의 첫 부분에서 밝히고 있듯, 이 강의는 프로이트의 『토템과 타부』나 『모세와 일신교』에서 원시 부족 '무리' 혹은 집단이라는 모티프를 차용하여, 이를 전제로 진행된다. 간략히 서술하자면, 원시 부족 무리 안에서 여자를 비롯한 모든 향유(주이상스jouissance)의 수단을 독점하는 아버지가 등장한다. 이 아버지에게는 아들들이 있는데, 어느 날 아들들이 함께 모여 아버지를 죽이고 부족 공동체 내의 향유 수단을 함께 공유하기로 공모한다. 마침내 음탕한 노인으로 그려지는 향유의 아버지는 제거되지만, 아들들은 모종의 죄책감에 휩싸인다. 그리고 아들들은 이 죄책감으로 인해 아버지를 기리게 되고, 죽은 아버지는 아들들이 함부로 향유 수단을 독점하지 못하도록 하는 상징적 법으로 자리매김한다. 부친 살해의 죄책감은 심지어 아버지를 유일신의 형상으로 만들게 된다는 것이다. 전통적 상징화가 이어지던 사회에서, 아버지에 대한 봉기는 아들들의 입문의 례였다. 그리스 신화를 비롯한 여러 유럽 신화에 내재하는 부친 살해의 모티프가 이를 예증한다.

하지만 자본주의라는 '얼음물'에 빠져 전통적 상징화가 사라지는 과정을 거친 현대 사회에서는 아들들의 입문의례 또한 사라져버렸고, 젊음은 숭배의 대상이 되었으며, 아버지가 오히려 아들의 향유를 질투하게 된다. 아들들은 입문의례 없는 입문의례를 거쳐, 성장하여 어른의 몸이 되어서도 온전한 어른이 되지 못하게 된다(다시 말해, 사회 내에서 자리를 인정받지 못한다). 바디우는 아들들이 이런 상태로 자본주의에 참여할 때, 다음과 같은 형상들을 갖게 된다고 말한다. 스스로를 고문하는 '도착된 아들의 몸'(문신, 바디 피어싱, 귀를 찢는 음악 등을 특징으로 한다), 다에시(혹은 IS) 같은 종교적 반동에 동참하는 젊은 테러리스트에게서 나타나는 '희생된 아들의 몸', 그리고 상징이 사라져 더 이상 의미를 찾을 수 없는 결핍을 틀어막을 마개의 역할을 하는 자기 개발이나 경력 관리로 대변되는 '능력 있는 아들의 몸'이 바로 그것이다.

바디우가 이러한 형상들에서 벗어나기 위한 해독제로 제시하는 것은 바로 진리의 네 가지 절차다. 도착된 몸은 진정한 사랑의 마주침에 이름으로써, 희생된 몸은 참된 정치에 동참함으로써, 그리고 능력 있는 몸은 예술과 과학에 힘씀으로써, 자본주의에 의해 붕괴된 상징의 부재와 이로 인한 방황에서 벗어날 수 있다. 오늘날의 젊은 아들들에게는 새로운 폭력과 상징이 필요한 것이다. 오늘날 전 세계를 장악한 자본주의의 그물을 찢어버릴 폭력적인 사건과 이 사건으로부터 시작되는 새로운 진리의 상징이 말이다.

5

세 번째 강의는 여자 젊은이들 혹은 딸들의 장래에 관한 것이다. 이 세 번째 강의에 대해 여러 측면에서 항의가 들어올 것 같아 한편으로 걱정이 된다. 이에 관해서는 먼저 이 강의에 대해 짧게나마 정리한 이후에 다시 이야기하기로 하자.

여기서 바디우가 주목하는 수는 '둘'이다. 일차적으로 생각해볼 수 있는 것은 시몬 드 보부아르가 저술한 『제2의 성』에서 말하는 남성이라는 '하나' 혹은 일자에 비추어 남성이 아닌 것으로서, 남성의 타자로서 제시되는 두 번째 성이라는 의미다. 전통적으로 여성은 남성 중심의 가부장적 질서에 의해 타자화되어왔고, 그중에서도 특히 어린 여성은 다시 젊은이가 성인들의 질서에 의해 대상화된다는 점을 감안하면 이중으로 타자화된다고 할 수 있다. 하지만 바디우가 강조하는 것은 '순서'를 나타내는 서수 체계에 따른 둘이 아니라, 수의 크기를 나타내는 기수 체계에 따른 둘이다. 즉 여성을 나타내는 수의 크기인 둘이 남성을 나타내는 하나에 비해 더 크다는 것이다.

헤겔의 '주인-노예' 변증법을 통해 생각해보면, 그 이유는 너무나 분명하게 드러난다. 주인은 자신의 욕구 충족을 위해 스스로 하는 일이 아무것도 없으며, 모든 일을 노예에게 맡긴다. 노예는 주인의 모든 일을 도맡아 하게 되면서 스스로의 역량을 늘려나간다. 그리고 어느 순간 노예의 역량은 주인의 역량을 능가하게 되며, 일정한 계기로 주인과 노예의 관계는 역전된다. 남성 중심의 세계에서 여성은 남성이라는 주인을 모신 노예와 같은 지위에 있다. 하지만 그 관계는 언제라도 역전될 수 있다. 특히 전통적인 농경 사회는 이미 자본주의 사회로 돌아서버렸고, 물리적인 힘의 필요가 점점 더 줄어드는 오늘날의 세계에서 남성의 입지는 계속해서 줄어들고 있다. 게다가 남자 젊은이는 입문의례가 사라져버린 탓에 어른이 되지 못하지만, 여자 젊은이는 성인 여성이 아니라 해도 이미 성인 여성과 마찬가지로 조숙하다. 남녀 공학인 학교에서 남학생들과 여학생들을 함께 묶어 시험을 보고 성적을 매기면, 남학생들이 여학생들에게 당하지 못하는 게 바로 그 예가 될 것이다. 그 외에도 남성 중심의 구조가 작동하지 않는 조직에서는 여성의 진입이 남성의 진입을 앞선다는 이야기도 심심치 않게 들려온다. 이제는 없어졌지만 사법고시가 그랬고, 외무고시를 통해 들어오는 신입 공무원들의 여초 현상은 이미 주지의 사실이다. 이렇듯 여성의 힘은 나날이 커져가고 있다.

다시 강의 내용으로 돌아가서, 바디우는 전통 사회에서 '하녀' '유혹하는 여자(창녀)' '사랑하는 여자(아이를 낳는 여인)' '성녀' 등의 네 가지 여성의 형상이 있었다고 말한다. 하지만 전통 사회는 자본주의 사회의 도래와 함께 붕괴되었고, 이에 따라 전통적인 여성상도 함께 무너졌다. 하지만 바디우에 따르면 자본주의 사회에서도 '하녀'의 형상만은 남는다. 특히 바디우가 "부르주아적이면서도 위압적인 페미니즘"이라 지칭하는 조류는 남자들이 할 수 있는 것은 무엇이든 여자들이 더 잘할 수 있다고 주장하는데, 이는 자본주의적 경쟁의 산물이며, 자본의 이익에 봉사하는 하녀의 형상으로 남게 되는 것이다. 이러한 페미니즘 담론은 기존의 남성 중심의 질서를 그대로 두고 자리를 바꾸어, 여성이 그 질서의 중심에 들어서기를 목표한다. 하지만 중요한 것은 위계의 구도를 타파하고 모두가 평등해지는 질서를 찾는 일이다. 그런 이유로 바디우는 이러한 자본주의에 봉사하는 '하녀'의 형상 혹은 '여성-일자'마저 소거하고 장래의 새로운 여성상을 찾아야 한다고 주장한다.

6

이 책 전반에 대해, 특히 세 번째 강의 내용에 대해 약간의 변명을 해보도록 하자. 관건은 아마도 성차화된 논의 진행에 관한 것으로 생각된다. 솔직히 말해서 이 책의 번역을 마치고 가장 걱정했던 게 바로 세 번째 강의에 대한 사람들의 반응이다. 현재 사회 전반으로 번진 미투 운동의 여파로 가뜩이나 페미니즘 계통의 담론과 여권 신장 운동이 화두가 되는 상황에서, 이 책의 논의가 남성과 여성을 구별하는 방식으로 전개된다는 점에 대해 일정 이상의 불만이 따르는 것은 너무나도 당연한 일이라 생각된다.

하지만 이러한 불만과 비판을 인정하면서도 지적해야 할 것이 하나 있는데, 지금 우리 사회가 여전히 남성 중심의 질서로 운영되며 이 잘못된 구조를 타파하려는 노력 역시 그러한 질서 가운데서 시작되어야 한다는 점이다. 남성 중심의 질서에 대한 정확한 인식을, 그리고 더 나아가 그러한 질서를 일단 주어진 것으로 인정하지 않는 이상(물론 여기서 말하는 '인정'이란 이를 당위적인 것으로 받아들여야 한다는 의미가 아니다), 이를 제거하기 위한 노력이란 목적 달성의 측면에서 난망한 일이다. 어떤 논리나 체계를 완전히 무너뜨리기 위해서는 그 외부적 전제를 공격할 것이 아니라 논리의 내부적 전개를 공격해야 한다는 점을 고려해야 한다. 이를테면 어떤 남성 중심의 논리 구조가 있을 때 그 전제가 되는 무엇을 공격하는 방식은 그 논리 전체를 그대로 두는 결과로 이어질 뿐이다. 하지만 그러한 전제를 인정하고(물론 마음에 들지는 않겠지만) 내부의 논리적 연결 고리들을 하나하나 제거하면, 그 논리의 구조는 완전히 무너지게 된다. 어떤 불평등한 구조가 있다면 이 구조를 무너뜨리는 방법은 당연히 이러한 내부로부터 접근하는 방식이 되어야 한다.

바디우가 여성 담론을 전개할 때 주된 전제가 되는 라캉의 성 구분 도식이 바로 그런 것으로, 이 도식의 시작은 기성 사회가 드러내는 남성 중심적 사고 방식이지만 그 귀결에 이르러서는 남성의 우위에 균열을 가할 가능성을 보여준다. 이에 따를 때 남성의 입장은 '예외 있는 전체'이고 여성의 입장은 '예외 없는 비非전체'다. 간단히 설명하자면 남성은 어떤 닫혀 있는 온전한 집합을 형성할 수 있기에 전체가 될 수 있지만 거기에는 그 집합 내에서의 규칙을 따르지 않아도 되는 예외적 존재가 적어도 하나 이상 있다. 여성의 입장은 이와 달라서, 외부로 열려 있기에 결코 온전한 전체가 될 수 없지만, 여성의 입장은 예외를 인정하지 않기에, 진정한 보편의 가능성이 있다. 바디우는 여기서 한 걸음 더 나아가 진리와 새로운 세계의 가능성이 남성의 입장이 아니라 여성의 입장에 있다고 주장하기도 한다. 바디우가 제기하는 "부르주아적이면서도 위압적인 페미니즘"에 대한 비판 역시 이러한 논의의 연장선에 있다. 라캉의 성 구분 도식에서 여성의 향유는 '여성적 일자'를 인정하지 않는 '빗금 친' 대문자 여성을 향하는 방향에 있지만, 동시에 남성적 예외와 권력을 상징하는 팔루스를 향하기도 한다. 다시 말하지만 이 남성적 팔루스를 추구하는 페미니즘은 자본주의와 이로부터 시작된 기존의 상태에 봉사할 뿐이며, 그러한 페미니즘이 완성될 때 오는 결과는 결코 성평등이 아니다. 그것은 오히려 뒤집힌 형태의 남성적 지배이며, 남성이 여성으로 전치된 형태일 따름이다. 그런 의미에서 평등을 지향하는 관점에서 여성-일자는 남성-일자만큼이나 해로운 존재일 뿐이다. 결국 철학자 바디우가 오래된 철학의 주제를 반복하여 호소하는 젊은이의 타락이란, 남성 젊은이의 경우 스스로에게 규율을 부여할 새로운 상징을 찾으라는 것이며(쉽게 말해서 어른이 되라는 것이며), 여성 젊은이의 경우 이러한 자본주의적 여성-일자의 유혹에서 벗어나 기존에 없던 새로운 여성상을 정립하라는 것이다. 그리고 그 목적지는 결국 (남

녀 모두) 기존 세계의 눈으로 볼 때 결코 실존하지 않는, 그
러나 언제까지라도 젊은이들 안에 간직되어 있을 '참된 삶'
에 대한 호소다.

7

올해 여름은 유난히도 더웠다. 이 책은 그런 더위 속에서
만들어졌고, 마침내 그 결실을 맺게 되었다. 누구보다도 역
자와 함께 이 여름 내내 이 책의 번역 원고를 살피고 함께
다듬는 작업을 해준 담당 편집자에게 감사의 말씀을 드린
다. 더불어 서점에서 이 책을 선택해준 독자들에게도 감사
의 말씀을 전한다. 독자 여러분의 책 구입 덕택에 출판사와
번역자는 오늘도 이 험한 중노동을 계속할 힘과 용기를 얻
는다. 마지막으로 내 가족들과 각자가 처한 어려운 사정 가
운데서도 함께 공부를 해나가는 동료 연구자들에게도 감사
의 말씀을 전한다.

더위의 끝자락에 선 8월
경주에서

참된 삶

1판 1쇄	2018년 9월 14일
1판 2쇄	2019년 10월 2일

지은이	알랭 바디우
옮긴이	박성훈
펴낸이	강성민
편집장	이은혜
편집	곽우정
마케팅	정민호 정현민 김도윤
홍보	김희숙 김상만 오혜림 지문희 우상희

펴낸곳	(주)글항아리
출판등록	2009년 1월 19일 제406-2009-000002호
주소	10881 경기도 파주시 회동길 210
전자우편	bookpot@hanmail.net
전화번호	031-955-1936(편집부) 031-955-8891(마케팅)
팩스	031-955-2557

ISBN	978-89-6735-547-0 93160

글항아리는 (주)문학동네의 계열사입니다.

이 도서의 국립중앙도서관 출판예정도서목록(CIP)은 서지정보유통지원시스템 홈페이지 (http://seoji.nl.go.kr)와 국가자료공동목록시스템(http://www.nl.go.kr/kolisnet)에서 이용하실 수 있습니다. (CIP제어번호 : 2018027847)